AF371245

L'ART DE LA POTERIE

JAPON — FRANCE

IL A ÉTÉ TIRÉ DE CET OUVRAGE :

15 exemplaires numérotés sur papier impérial du Japon.

WILLIAM LEE

L'ART
DE LA
POTERIE

JAPON — FRANCE

PAR UN POTIER

Ouvrage illustré de quatre planches en couleurs
et d'une carte hors texte

PARIS

Librairie CHARPENTIER et FASQUELLE

EUGÈNE FASQUELLE, ÉDITEUR

11, RUE DE GRENELLE, 11

1913

A LA MÉMOIRE DE

NINAGAWA NORITANE

DE TOKIO

A l'éminent Archéologue,
Au délicat et sensitif appréciateur de la
POTERIE JAPONAISE,
Digne successeur des grands Tchajins,

Ce livre est dédié.

W. L.

AVANT-PROPOS

I

Nous nous proposons ici de parler principalement de Poterie pure, laissant à dessein de côté les autres modes ou genres céramiques.

Et bien qu'il soit malaisé de donner, en cette matière, une définition tout à fait satisfaisante, nous conviendrons d'appeler *Poterie* tout vaisseau ou objet de terre tourné ou façonné, le plus souvent enduit d'émail, et rendu propre à l'usage par la cuisson. Ajoutons que nos préférences vont aux terres dures, les grès ou pseudo-porcelaines, poussées à de hautes températures et revêtues d'émaux venant mats.

Or cet Art de Terre, qu'il nous soit permis
de le dire dès le début de cette étude, nous
est apparu dans l'ensemble comme tout à
fait inconnu de la grande masse du public,
et dans d'autres milieux, non pas ignoré
si l'on veut, mais assez mal connu. Et la
raison d'une ignorance aussi générale pourrait bien se trouver, pensons-nous, dans les
quelques remarques suivantes :

1° Les ouvrages d'histoire et de vulgarisation traitant de Poterie proprement dite
sont extrêmement rares, en particulier dans
notre langue. Ils sont d'un prix trop élevé.

2° Nos divers musées nous offrent bien
des ensembles céramiques précieux, mais
confus, et qui n'apportent au chercheur, pour
cette étude spéciale, ni classification, ni
gradation, ni lumière.

3° Les Expositions et Salons annuels (et
je pense aussi aux Rétrospectives) pourraient
être d'excellents éducateurs : ceux-là nous

déballent, si j'ose ainsi m'exprimer, un fouillis d'objets soi-disant d'*art décoratif* de toute nature, au milieu desquels la Poterie demeure à peu près introuvable.

4° Enfin, les expositions spéciales sont rarissimes et si peu accompagnées de la moindre notice explicative[1]. Mais la principale lacune, je le répète, est dans le manque de lignes sur le sujet qui nous occupe.

De tous ces faits (et d'autres encore sans doute), il semble bien résulter que la simple initiation en matière de Poterie est rare de nos jours; la compétence se présente comme une réelle exception.

Ce que fut cet art plein de saveur, chez nous et chez d'autres, ce qu'il est actuellement et aussi ce qu'il pourrait *donner*, tout cela demeure quasiment inédit.

---

1. Ces critiques ne sauraient s'adresser au Musée Galliéra, lequel s'est signalé par des Expositions de Céramique belles et fécondes, dues à l'initiative de son éminent conservateur, M. Eugène Delard.

Nous exceptons aussi le Musée d'Ennery, excellent sur la question des *Kogos*, bien classés, bien décrits.

Tel est bien l'état de la question ; et le but de ces pages, leur ambition modeste, serait de la faire progresser, ne fût-ce que de quelques pas.

Mais ici j'entends dire : « Vos poteries, c'est un genre ennuyeux. Vos grès rugueux et mal léchés, de livrée terreuse et sourde, vos « Shigaraki », qui voulez-vous que ça intéresse? D'abord, cela déplaît aux dames, etc. »

De tels propos, je l'avoue, m'ont toujours beaucoup surpris. J'estime pour ma part que la Poterie est un art charmant, pimpant et gai au possible. Son histoire, pour ne parler que du Japon et de la France, nous offre une page bien vivante et parfaitement attrayante. Et quant aux notions techniques, qui niera qu'un peu de cette science ne soit susceptible de jeter beaucoup de lumière et d'intérêt sur le contenu d'une vitrine?

Mais voyons un peu. Cette poterie, cet art ignoré, qu'est-ce enfin?

Il nous faut bien répondre que c'est, à

notre avis, le premier de tous les arts céramiques. Nous entendons par là qu'il est le plus individuel, le plus personnel, celui qui permet le mieux l'expression d'une nature, et notre grand Carriès l'a brillamment prouvé.

Le potier génial, livré à sa fantaisie que rien ne limite, créera la forme, son cerveau la pétrira d'avance en quelque sorte dans la riche matière que le feu doit lui restituer : il ne concevra pas son œuvre autrement.

Son invention ne se bornera pas à des vases. Depuis les objets les plus menus jusqu'aux ensembles les plus imposants (Porte de Carriès), il peut tout aborder, tout oser. Sous sa main inspirée, idée et matière obéissante viendront se compléter et mutuellement s'éclairer. Si je me fais bien comprendre, nous sommes ici sur un terrain solide, dans le vrai et magnifique domaine de l'Art éternel.

Disons encore que la Poterie est un art robuste, bien portant, étroitement uni aux éléments naturels, rattaché au sol par de profondes racines. On verra par ce qui suit qu'il lui faut voisiner sans cesse avec les gisements, les argiles, les cailloux, toutes richesses que la nature répand à nos pieds et que nous foulons un peu sans les voir. Et qu'on me permette de dire ici en passant que le support de toute poterie, cette terre, cette matière initiale, l'artiste avisé la laissera transparaître par endroits, deviner dans son œuvre : c'est une des beautés de son art.

L'émail a l'éclat, la finesse, le précieux, l'inaltérabilité. Et si l'on vient dire que le potier ne peut œuvrer à lui tout seul, qu'il lui faut un aide : le Feu, le potier répondra : « Je collabore avec un dieu. »

II

Pénétré, il y a longtemps déjà, de la haute valeur de l'Art de Terre, persuadé

aussi que la pleine communication —
la communion pourrais-je dire — entre
l'artiste et le public encore un peu rétif
finirait par s'établir quelque jour, —
mais cela par l'article, par le livre, par le
mystérieux travail de la bonne parole, je me
mis à noter, au cours d'une carrière céramique déjà longue, tout ce qui pouvait contribuer à ce but : rendre clair, compréhen-
sible, attrayant un bel art délaissé. Ce sont
ces notes, condensées et classées que je
présente aujourd'hui au public.

Dire que je me suis depuis longtemps
— depuis toujours — occupé du Japon, que
je m'y suis plongé, cela paraîtra vraisem-
blable. Ce pays, en effet, nous apporta, en
matière de Poterie, la floraison la plus
splendide, la plus étourdissante qui soit :
c'est une banalité de l'écrire.

Copieusement initié dans les produits de
la Céramique japonaise, collectionneur nous-
même, nous avons feuilleté assidûment, sur
ce sujet qui nous est cher, toute une littéra-

ture japonisante, principalement de langue anglaise. Nous avons lu aussi les livres et catalogues français, quelques ouvrages étrangers, plusieurs japonais parmi lesquels un de haute compétence et de la plus grande valeur, le Kwan-Ko-Zu-Setzu, et aussi les catalogues des collections et des ventes, les documents et rapports officiels, etc., etc.[1].

De ces lectures, de ces études, mais aussi de nos observations personnelles, de notre expérience sont nées les pages d'histoire et de technique qui forment la première partie de ce volume.

La poterie au Japon connut une ère primitive, puis s'avança graduellement vers une période de plein épanouissement, appelée par les Nippons Moyen-Age; enfin, après un siècle de maturité encore fort belle entra dans la saison déclinante.

Présenter un tableau de cette évolution

[1]. Je donne enfin du Japon la liste des auteurs et des ouvrages auxquels je suis redevable de beaucoup de mes connaissances, et leur témoigne ici mon sincère remerciment.

nous a paru la meilleure étude qu'on pût offrir sur le sujet en général.

Du Japon nous revenons en France. Nous montrons dans la seconde Partie ce qui s'est fait chez nous, principalement en Nièvre, depuis la renaissance à laquelle est indestructiblement attaché le nom vénéré de Carriès. Les méthodes japonaises, le génial potier les embrassa d'enthousiasme et quoi qu'on ait essayé d'insinuer depuis, il s'y maintint : son œuvre est là pour en témoigner.

Le mouvement inauguré par Carriès est loin d'avoir avorté. Nous présentons, sans qu'il soit besoin de nommer personne, un tableau général des efforts artistiques qui se sont groupés dans cette douce Puisaye, autour du point même où l'on cherche encore l'ombre du grand disparu.

Les artistes, les curieux de notre Art, dûment initiés aux procédés d'investigation et de travail qui nous viennent du Japon, trouveront répandus dans tout ce pays les matériaux céramiques les plus riches et

les plus variés pour leurs essais d'abord,
et ensuite pour les plus belles réussites. Ils
y rencontreront aussi l'amicale collaboration
des bons potiers campagnards et la loyale
étreinte des mains gantées de terre glaise.

Pour nous, nous pensons n'assister encore
qu'à l'aurore d'une ère céramique qui don-
nera de grandes choses : c'est notre convic-
tion profonde.

Enfin nous avons joint au texte, afin de
l'éclairer par endroits, des planches de cro-
quis d'après des vases ainsi que la carte
céramique du Japon.

En présentant au lecteur ces annales de
la Poterie, en y joignant nos observations
et nos remarques, nous avons cherché à
intéresser à la fois son esprit et son goût;
nous pensons avoir fait ainsi œuvre de vulgarisation profitable à tous.

Et qui sait si ce modeste volume n'aidera
pas un jour à l'apparition de quelque bel
artiste...

PREMIÈRE PARTIE

LA POTERIE AU JAPON

ANTIQUITÉ

PARTIE HISTORIQUE

Parlons d'abord de l'antiquité, et pour commencer, voici quelques dates :

La plus ancienne chronique du Japon, le Nihon-shoki, publié en langue chinoise, parait en 720 après J.-C. ; c'est le résumé des annales en ancienne langue japonaise qui existaient alors. Le Nihon-shoki parle de vases de terre, destinés à contenir du vin de fruits, et remontant à l'époque fabuleuse (environ 1000 ans avant J.-C.)

Dès 660 avant J.-C., sous le premier empereur Jimmu-Tenno, il est question, à propos d'une imposante cérémonie religieuse, de vases sacrés façonnés par l'empereur lui-même avec l'argile d'un temple fort vénéré, situé sur la montagne Amano-kaku-yama (province de Yamato). Le siège du pouvoir était alors dans cette province, à Kashiwa-bara (au sud de Kyoto actuel). *Amata-kudjiri*, c'est-à-dire creusés avec la main, tel est le qualificatif donné à ces vases primitifs.

A diverses reprises, la poterie de terre est encore mentionnée[1] pour arriver à l'année 27 avant J.-C., sous le onzième empereur où se place un fait historique important. Le prince royal de l'État de Shiraki, pays qui faisait partie de ce qu'on nomme actuellement la Corée, vint se faire naturaliser au Japon. Il était accompagné d'une suite comprenant plusieurs potiers, lesquels établirent leurs fours à Hasama, province d'Omi, répandant autour d'eux les notions céramiques qu'ils pouvaient avoir. Les poteries sorties de leurs mains étaient des œuvres grossières, un peu plus dures cependant que les précédentes ; elles étaient déjà gravées de petites lignes sur le contour.

Il faut noter, pour être complet, que le premier tribut imposé par le Japon, à la suite d'une expé-

1. Un document précise que des poteries existaient dans la province de Bizen dès les années 97 à 30 avant J.-C.

dition militaire, à l'État de Shiraki, remontait à quelques années seulement, sous le dixième empereur. C'est la première trace historique de relations entre la Corée et le Japon.

Cependant en Chine, depuis l'an 2000 jusqu'à l'an 200 environ avant J.-C., les vases de terre cuite seuls sont connus. La porcelaine n'est pas encore inventée. Elle prend naissance sous la dynastie des Han, de 185 avant J.-C. à 87 après J.-C., sans qu'on puisse préciser la date de son apparition, et ne fit d'abord, pendant environ deux siècles, que des progrès lents et insensibles.

Au Japon, en 201 après J.-C., l'impératrice guerrière Okina-Gatarashi-hime, plus connue de nous sous son nom posthume de Jingù-Kogo, commande en personne une expédition militaire contre la Corée. Des relations très suivies s'établirent depuis lors entre les deux pays. On peut s'en faire une idée par ce fait que le seul État de Shiraki s'engagea à un tribut annuel qui était de 80 jonques chargées de présents. On sait que des céramiques figuraient parmi ces objets précieux. Mais de Corée arrivaient désormais des vases de toutes sortes, et des ouvriers potiers les accompagnaient, qui vinrent se fixer au Japon. Les arts encouragés par la régente firent alors un grand pas.

Les vases de cette époque sont de qualité supérieure ; la couleur est bleu foncé et la pâte d'une texture très serrée.

On fait remonter aussi à la régence de l'impératrice Jingù-Kogo l'envoi de la première ambassade japonaise en Chine : ce fut l'origine de relations diplomatiques et d'échanges entre les deux pays (201 à 250 après J.-C.).

En 473 après J.-C., sous le vingt-et-unième mikado, des vases pour les offrandes aux dieux ayant été demandés par la Cour, il se trouva que le ministre Aké put en faire fabriquer dans six des provinces de l'empire où se trouvaient des groupements de poteries, savoir : Yamashiro, Setsù, Isé, Tamba, Tajima et Inaba. L'empereur créa une corporation de potiers attachés à la Cour.

Le quarante-deuxième empereur, Mommu-Tenno, monte sur le trône en 697. Ce prince éminent, qui fut le fondateur de l'Université japonaise, institua, parmi ses premières réformes, une administration officielle de la Céramique. Il semble bien que le gouvernement ait possédé alors des fabriques impériales de poterie. C'est l'époque

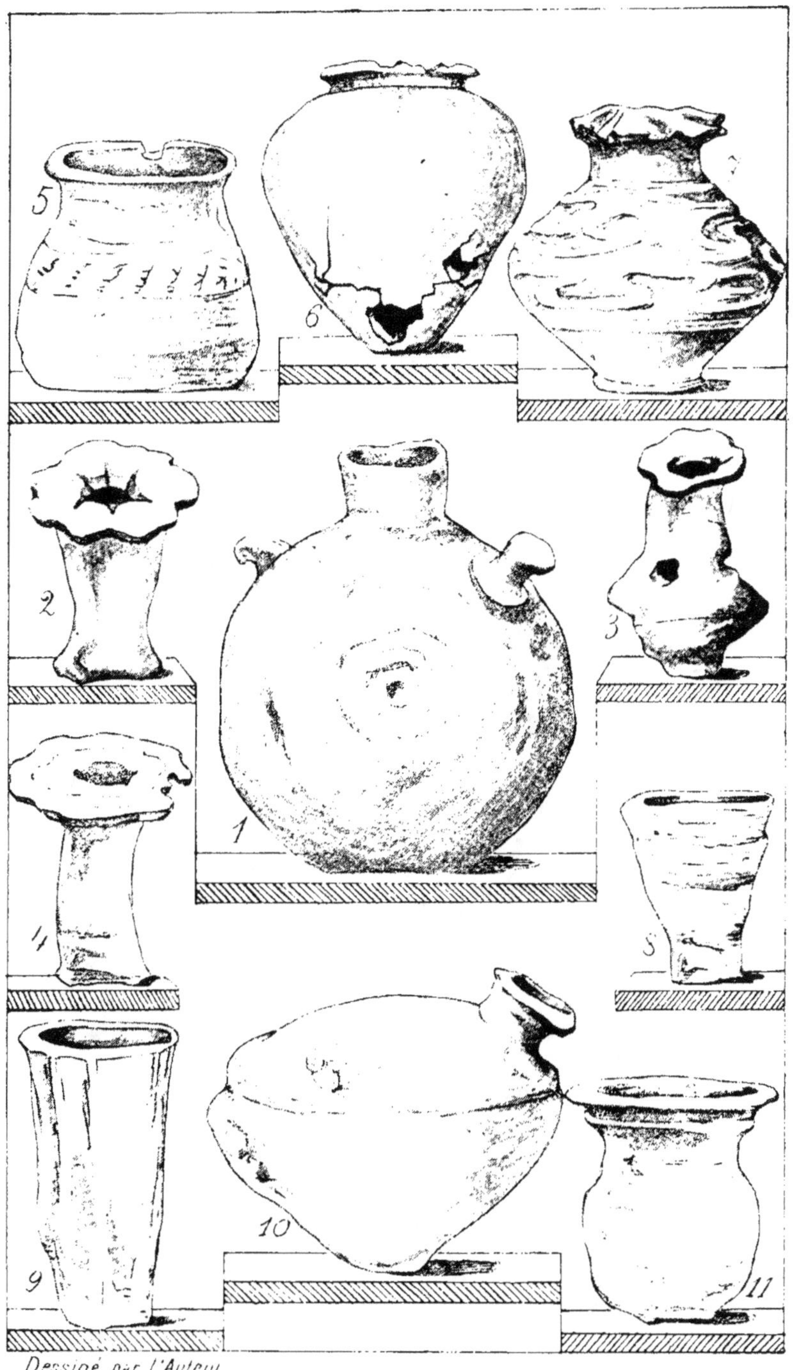

1. Bouteille de Gyogi. — 2, 3, 4. Présentoirs archaïques. — 5, 6, 7, 9, 10.
Archaïques (Nara) vases cultuels. — 8. 11. Archaïques.

(ère de Nara) où vivait le célèbre bonze Gyogi-
Bosatsu (670-749) dont les Japonais ont fait un
saint. Remontant par ses origines à la famille
royale de Kudara (Corée), mais né à Otori, province d'Idzumi (Japon) et bonze d'un rang élevé,
il s'employa toute sa vie à la diffusion des arts
alors connus, et particulièrement de l'art de poterie, faisant des voyages, des conférences, se
dépensant généreusement. Il fut l'introducteur,
d'autres disent l'inventeur du tour du potier
(lequel cependant existait couramment en Chine
depuis plus de cent ans). De lui toutes poteries
japonaises archaïques ont reçu le nom de *Gyogi-
yaki*.

On possède dans le trésor du temple de Nara (le
Shôzoïn de la pagode de Todaïdji) et dans quelques
collections plusieurs vases, bouteilles, etc., attri-
bués à Gyogi : la trace du tour y est visible. Généralement de couleur noire et de forme régulière
et élégante, leur pâte est dure, très fine et lustrée.
Quelques-uns ont un dessin d'ondes à l'intérieur,
et à l'extérieur comme l'empreinte d'une toile
grossière ou d'une sorte de natte.

En Chine, de 250 à 400 après J.-C., les auteurs
mentionnent la fabrication de la porcelaine comme

existant depuis longtemps dans le Tché-Kiang, province de la côte située au sud de Nanking, vis-à-vis du Japon. La couleur bleue était dès lors connue et très employée.

En 583 se place la fondation du King-te-Chin, ou Manufacture impériale de Porcelaine, dans une localité du Kiang-Nan, province également côtière dont la capitale est Nan-King.

Enfin, à partir de 620 après J.-C., il ressort des documents que la porcelaine avait pris un grand développement dans toute l'étendue de l'Empire chinois.

Pour revenir au Japon, il est établi que les échanges par jonques de commerce avec la Chine et le va-et-vient entre les deux pays étaient continuels et remontaient déjà à bien des siècles. Le Japon, nation maritime, n'était nullement un pays fermé, isolé.

En 784 commence l'ère de Heïan (nom du palais impérial de Kyoto) : le siège du pouvoir passe de Nara à Kyoto.

On voit déjà apparaître quelques poteries vernissées et des céladons (Séïdji) en assez grand nombre, le tout de provenance étrangère. Mais, par le contact, par l'esprit d'émulation, l'art national japonais est tout près de se dégager. Pendant une période de cent années environ, l'art de terre, encouragé par la noblesse, va faire de visibles progrès. D'ailleurs, le pays où s'est transportée la Cour est des plus riches en argiles, en minerais, en gisements céramiques : c'est un hasard heureux. Les matériaux étrangers sont encore employés, mais les essais ont commencé et le sol des montagnes alentour de Kyoto a été exploré.

Aussi, pendant le siècle qui va suivre, de l'an 900 à l'an 1000 environ, les matériaux d'importation venant à faire complètement défaut à la suite de dissentiments politiques et de prohibitions de commercer, l'industrie nationale réussit à suppléer aux éléments manquants et l'Art céramique japonais prend son essor[1].

Nous sommes alors en l'an 1000.

---

1. Deux anciens ouvrages traitant du cérémonial, datés de 877 et 928, mentionnent comme localités occupées par des poteries (hadji, en japonais) : Owari, Bizen, Otori (Idzumi), Awa, Awadji, Nagato, Honami (Chikuzen), etc., etc.

PARTIE TECHNIQUE

Aux âges primitifs la glaise, tirée des montagnes saintes, est employée à l'état brut, sans aucune pratique d'épuration. On trouve dans les pièces qui remontent à ces époques reculées une texture très variable, tantôt à grain serré, tantôt très friable, des trous, des cloques et quelques vitrifications accidentelles provenant des impuretés en mélange. D'émail proprement dit il ne saurait être question.

On sait que la cuisson se faisait dans un trou creusé à même le sol. Les vases y étaient entassés sans méthode, pêle-mêle avec le combustible ; on y mettait le feu et on bouchait. La couleur des pâtes ainsi cuites varie du rouge au noir. Les vases étaient entièrement façonnés à la main.

Pendant bien des siècles, ces pratiques demeurèrent en usage sans changement notable, ainsi

que cela se présente à l'origine de presque tous
les peuples[1].

Nous reproduisons dans notre planche I
quelques-unes de ces pièces archaïques provenant du Shôzoïn de Nara. La destination de la
plupart d'entre elles est inconnue. Elles répon-
daient, sans aucun doute, aux nécessités des

---

1. Nous n'hésitons pas à citer un extrait du *Journal* du
Dr D. Livingstone, le grand explorateur, concernant la
poterie en Afrique inexplorée ; on saisira l'analogie des procédés primitifs. « La poterie semble avoir été connue des
Africains dès les temps les plus reculés. On en trouve des
fragments partout, même parmi les os fossiles les plus
anciens.

Marmites et cruches pour l'eau et pour la bière sont
fabriquées par les femmes qui les font à la main et à l'œil,
sans l'aide d'aucune machine. Un éclat d'os ou de bambou
est employé comme ébauchoir et pour étendre les petites
mottes d'argile qui s'ajoutent pour obtenir plus de rondeur.
Le vase, une fois modelé, reste ainsi jusqu'au jour suivant ;
le lendemain matin on y met le bord, on y retouche à plusieurs reprises et on le polit avec beaucoup de soin ; il est
ensuite exposé au soleil jusqu'à parfaite dessiccation. Un feu
clair de bouse de vache séchée, de rafle de maïs ou de
chaume, d'herbe ou de menu bois est fait dans un trou pra-
tiqué en terre pour la cuisson finale. Ces vases sont décorés
à deux ou trois pouces du bord de dessins tracés à la plom-
bagine ou gravés dans la pâte avant qu'elle ait durci, et
dans tous les cas imitant le tressage des paniers. »

Extrait du dernier *Journal* du Dr David Livingstone,
l. 1er, ch. III (1876).

divers rites. Au contraire de la matière dont il a été parlé plus haut, la forme est élaborée et souvent heureuse. Le décor très primitif, quelquefois en gravure, est délicat. Et l'on voit ici s'affirmer, dès les origines, le goût inné des Japonais pour l'asymétrie (non-symétric).

Pour rencontrer quelques perfectionnements **tangibles dans la main-d'œuvre**, il faut arriver au iiie siècle de notre ère, lequel débute par une irruption des Japonais en Corée, sous les étendards vainqueurs de l'amazone-impératrice Jingù-Kogo. Au retour, il est certain qu'artisans et modèles étrangers affluèrent. La Chine était, dès lors, en possession du miracle de la porcelaine, laquelle commande des manipulations soignées, et la Corée, quoique pratiquant un art plus grossier et plus rustique, avait déjà sa note esthétique différente et très personnelle. Le Japon fut certainement pénétré par cette double et vivace influence.

Les argiles de cette époque sont bien épurées; les fours enfin créés cuisent à grand feu et rendent une matière dure et serrée. Plusieurs émaux et engobes, le gris, le noir, le blanc, un certain bleu-gris, etc., paraissent avoir été pratiqués au Japon.

Cependant, jusqu'au milieu du ve siècle de notre ère, il est à peu près certain que toute céramique religieuse ou de cour fut façonnée avec des matériaux importés et sur modèles étrangers. Il n'en fut pas de même, croyons-nous, des objets d'usage domestique, dont la fabrication était, dès cette époque, certainement courante au Japon, comme répondant aux besoins journaliers et aux goûts de ce peuple inventif, et pour lesquels il était fait appel aux produits du sol national.

C'est cette poterie populaire qui, du ve au xe siècle, provoqua les recherches d'argiles et de gisements et qui permit, lorsque les marchandises importées vinrent à manquer, de se libérer graduellement de la tutelle étrangère[1].

Parvenus au xe siècle, nous rencontrons au Japon les trois ou quatre types de poteries suivants, très nettement différenciés :

1° Les vases chinois dits To-Temmoku. Ce sont

---

1. Les premiers Karatzü (poteries fondées vers 700 après J.-C.) sont les *Yoné-hakari*, grands bols de grès destinés à mesurer le riz, les haricots et autres denrées.

des bols de grès cuit fort, émaillés vers l'orifice et à l'intérieur, le pied étant laissé nu. L'argile est admirablement tamisée et d'un raffinement extrême. L'enduit est gras, épais, onctueux, peu coulant, c'est-à-dire conduit avec une sûreté absolue. Il est, en général, de la riche couleur appelée poil-de-lièvre que donnent les minerais naturels cuisinés avec art.

Ces tasses Temmoku [1] (du Xᵉ au XIIIᵉ siècle) comportent les méthodes les plus parfaites de la poterie de terre comme préparation de la pâte et comme conduite et qualité de l'émail. La Chine était aussi représentée à cette époque par sa porcelaine, industrie florissante.

2° Les vases coréens, dans lesquels nous distinguons deux genres : *a*) poteries des tombeaux, — *b*) poteries usuelles, telles que bols à riz et à céréales, tasses, etc.

Les premières, de pâte très fine, bien serrée, de formes raffinées, décorées en creux d'ondes et de volutes et revêtues souvent d'un riche émail blanc ou légèrement teinté, accusent l'influence

1. Temmokou. Nom d'une montagne vénérée de la Chine, au haut de laquelle on déposait en offrande aux divinités du Ciel des vases remplis d'eau (987, dynastie des Songs).

chinoise et nous paraissent se rattacher très étroitement à la porcelaine. Nous pensons, d'ailleurs,
que le Coréen hiératique était très rare au Japon
à l'époque dont nous parlons.

Il en est tout différemment du Coréen domestique. Ces vases populaires, destinés aux usages
journaliers, abondaient.

On peut dire que ces poteries de nuance grise,
d'aspect un peu terne avec leurs ornements noirs
ou blancs, sorte de marqueterie faite de divers
engobes, représentent la formule d'art qui a
séduit au delà de tout l'imagination japonaise.
Pendant des siècles ces céramiques sont demeurées en vogue, admirées jusqu'à l'hyperbole et
maniées avec vénération par les doigts délicats
des artistes et des buveurs. Les copies qui en
furent faites, et cela jusque de nos jours, sont à
l'infini.

Ce qui semble avoir fasciné à un si haut degré
l'âme nippone serait le négligé, le jeté de la facture, l'aspect fruste et raboteux dans une tonalité
toujours parfaite de distinction obtenue par des
gris, des noirs, des blancs sous lesquels vient
transparaître par endroits l'épiderme rosé de l'argile. Nous-même, comme potier, accordons à

ces vases, mais sans nous montrer aussi exclusif, un haut degré de saveur et notre plus franche admiration[1].

3° Enfin, les vases japonais purs, tels que les poteries conservées à Nara, les Gyogi-yaki, les très anciens Bizen, Imbé, Karatsu, etc., ainsi que les productions premières des centres de fabrication encore dans l'enfance et qui se développèrent du xe au xve siècle. Il faut comprendre, parmi ces choses, les poteries primitives de Kyoto (la nouvelle capitale depuis la fin du viiie siècle) et ses environs, celles de Sétho, etc. Il est aisé de reconnaître dans ces divers produits les terres locales, certains modes très particuliers de cuisson (comme pour Bizen), enfin divers procédés et tours de main, inventions de formes. etc.,

---

1. On ne peut fournir de moyen sûr de distinguer les poteries purement coréennes des similaires façonnées au Japon le plus souvent par des ouvriers coréens avec des matériaux importés. Il est même difficile d'identifier celles qui furent fabriquées avec des matières tirées du sol japonais. On englobe tous ces produits, quand ils remontent à l'antiquité, sous le nom universel de « poteries coréennes ou de style coréen » (en japonais Ko-Koraï). Cette question qui sera peut-être élucidée quelque jour, et qui, à l'heure actuelle, est l'objet de recherches méritoires, demeure encore enveloppée d'une grande incertitude.

déjà très variés et très artistes qu'on ne **ren**contre pas ailleurs.

Nous donnons dans nos planches I et II quelques échantillons de ces trois sortes de poteries archaïques qui sont les ancêtres vénérables de la poterie d'art.

DU THÉ

Le thé, déjà connu au Japon, mais seulement comme une rareté, commence à se répandre vers ce temps (x^e, xie siècle). Or, il existe un lien étroit entre les progrès de ce breuvage et le développement de la poterie.

Voici quelques dates qui précisent l'époque de l'introduction du thé au Japon :

En l'année 729 après J.-C. (1re de Tempeï), l'empereur Shomu fit prendre du thé à des bonzes à l'occasion d'une fête religieuse ; ce thé était de provenance chinoise.

En 815, un bonze nommé Eichu eut l'occasion d'offrir du thé comme rafraîchissement à l'empereur Soga. L'empereur, enchanté de cette boisson nouvelle, ordonna qu'on en fit des cultures dans plusieurs provinces du domaine de la Couronne.

Vers 1200, un autre saint personnage du nom de Eiseï, rapporta d'un voyage en Chine de la graine de thé de qualité supérieure. Il en fit des semis dans la province de Chikuzen. Un autre prêtre nommé Koben (ou Myotoku) en reçut de lui et l'introduisit dans le Yamashiro. Celui-ci, de famille noble et personnage marquant, paraît avoir été en même temps grand amateur de poterie et avoir pris sous son haut patronage l'industrie de la céramique à son époque. Il fut également le créateur des plantations de thé qui ne tardèrent pas à s'élever à Uji (province de Yamashiro), localité qui est encore, à l'heure actuelle, la capitale du « tea-district » le plus important du Japon.

J'ai dit la liaison étroite qui existait entre la vogue croissante du thé et les progrès de la poterie. C'est, en effet, l'habitude journalière de faire et de boire du thé avec les diverses préparations qu'elle entraine; c'est le souci de conserver bien au sec la précieuse plante, soit en feuilles, soit en poudre, etc., qui va guider et dominer la production céramique pendant plusieurs siècles.

Des soins purement matériels on passera bientôt à des exigences d'un ordre beaucoup plus relevé et tout intellectuelles. Ces réunions familières autour de la bouilloire à thé vont se transformer en séances d'esthétique et d'art : devant des aréopages composés de connaisseurs émérites défileront les ustensiles, les vases et bientôt tous les objets d'art en général. Nous parlerons plus loin avec détail de ces cérémonies du thé, lesquelles ne parurent vraiment avec leur Code qu'au xv° siècle. Mais, en attendant, les amateurs à la fois de thé et de belles poteries n'étaient pas rares. Au culte de l'art céramique et du thé s'unissait le souci d'une politesse cérémonieuse. Avant d'avoir leur plein épanouissement, ces formes d'une civilisation raffinée étaient en élaboration et poussaient déjà leurs racines dans le sol japonais, qui leur était si propice.

Et, d'ailleurs, voici que, favorisé par l'ambiance, l'événement, en quelque sorte fatal, va se produire : un grand artiste, Toshiro, va paraître.

Entre les mains de ce tenace génie, sorte de Palissy japonais, les notions un peu enfantines du passé vont se transformer en des méthodes sûres. Lui va chercher la perfection et l'atteindre quelquefois et sous sa féconde impulsion, poursuivie par ses descendants, l'art de la poterie au Japon va faire un pas décisif.

TOSHIRO ET SA FAMILLE

HISTORIQUE

On sait[1] qu'en 1223 un potier de Séto (province d'Owari), nommé Toshiro[2], avide de connaissances et de progrès, se rendit en Chine en compagnie d'un prêtre du nom de Doguen, lequel voyageait pour des motifs de religion. Le potier séjourna cinq ans dans le Céleste-Empire et revint ensuite dans sa patrie, riche d'enseignements. Il avait eu soin aussi de rapporter avec lui des matériaux céramiques en abondance. Ses premiers travaux, à son retour, paraissent avoir

1. D'après le Bengyo-Kushu et le Mei-butzu-ruiju.
2. To-shiro, abréviation du nom complet : Kato-Shiro-zayémon, ou Shiroyémon (suivant d'autres).

consisté en recherches d'argiles et d'émaux, tirés du sol japonais, à l'imitation de ce qu'il avait vu en Chine. Il dut aussi faire beaucoup d'expériences ayant trait à la construction des fours et aux méthodes de cuisson. On le voit poursuivre ses essais d'abord dans la province de Bizen, puis dans les environs de Kioto et dans les provinces de Mino et d'Owari.

On prétend que, à l'époque où il explora la Chine, les arts céramiques y étaient en décadence et que, revenu avec des recettes insuffisantes, il dut passer beaucoup de temps pour les rectifier et les améliorer. Quoi qu'il en soit, il fit quantité de tentatives, changeant fréquemment de localité et passant plus d'une fois des travaux de poterie proprement dite aux recherches sur la porcelaine dont il s'occupait aussi, le tout sans grande réussite d'ailleurs.

Au cours de ces années de lutte et de dur apprentissage, dont les tribulations de notre grand Palissy peuvent donner chez nous une image, Toshiro, toujours grand chercheur et grand voyageur, découvrit enfin un beau jour, sans doute par hasard, les gisements et minerais qui lui étaient nécessaires. Il fit cette découverte en un lieu appelé Soboga Futokoro, dans le village de Séto, district de Kasague, province d'Owari. Il se trouve qu'il était ainsi revenu à son point de départ.

Ce fut la fin des mauvais jours. A partir de cette époque, il marche de réussite en réussite et ses productions d'alors, dont quelques-unes sont parvenues jusqu'à nous, sont considérées comme des œuvres céramiques absolument parfaites.

Il paraît, dès lors, avoir délaissé la porcelaine et s'être consacré uniquement à la poterie (ishi-yaki).

Dans la suite, on nous apprend que Toshiro, toujours à l'œuvre malgré son âge, se rasa la tête, c'est-à-dire s'enrôla dans un ordre religieux et abandonnant, suivant l'usage, le nom qu'il avait porté jusque-là, prit celui de Shunkéï.

Ce nom sert à désigner encore aujourd'hui une série de vases qui représentent sa dernière manière et qui dépassent peut-être encore les précédents en perfection.

Au point de vue de la délicatesse et du fini des procédés, les œuvres de Toshiro demeurent incomparables : forme pure, terre admirablement tamisée, émaux splendides. Les Japonais, peut-être est-il à propos de le rappeler ici, les rangent parmi les *Daï-meï-butsu*, c'est-à-dire très précieuses choses et on a vu sous Taïko Hidéyoshi (xvie siècle) un petit bol à thé de notre artiste se vendre la valeur de plusieurs milliers de dollars.

Et puis ce génial potier quitte la scène de l'Histoire; on ignore la date précise de sa mort. Son nom, transmis à une lignée de potiers, ses descendants, s'est perpétué ainsi de père en fils jusqu'à nos jours. Nous parlerons de ses continuateurs dans un moment.

TECHNOLOGIE

Les vases de Toshiro sont de trois sortes.

Les premiers, antérieurs à son voyage en Chine, sont appelés communément *Horida shité*, ce qui veut dire à peu près « vases enterrés ou déterrés ». La plupart, en effet, proviennent de cassonniers découverts dans le voisinage des poteries et assez profondément enfouis dans le sol[1].

---

1. Les principales découvertes en ce genre proviennent du village de Tokonabé-mura, district de Chiki (Owari).

Ils ont été exhumés au xviie siècle et leur nom pittoresque date de cette époque. Une de leurs particularités est qu'ils étaient cuits dans la position renversée, aussi l'orifice est-il toujours dégarni de vernis, lequel a coulé vers le bord.

Ces premières œuvres de Toshiro sont loin d'être sans défaut. Les formes sont lourdes et inélégantes ; la terre, trop épaisse, est cependant assez bien brassée et tamisée.

On commence à parler alors de l'*Itoguiri* ou trace concentrique laissée à la base externe du vase par le fil à décoller dont se sert le tourneur. *Itoguiri* équivaut donc à vase fait sur le tour.

Ces poteries portent une glaçure vitreuse généralement d'un brun rougeâtre. Celles qui sont demeurées longtemps cachées dans la terre ont acquis une patine vétuste assez belle.

Tous ces vases ont trait à l'acte du thé ou à sa conservation. On appelle couramment tchaïré les petits pots, généralement munis de deux petites anses, destinés au thé en poudre, — et tcha-tsubo les grands, mais l'appellation correcte en japonais est : hiki-cha-tsubo (pot pour mettre le thé en poudre), — et ha-cha-tsubo (pot pour mettre le thé en feuilles).

Ces premiers vases de Toshiro imitent d'assez près les vases de style chinois ou coréen de la même époque. Ils étaient soumis au feu dans les fours servant à cuire les flacons (Keichi), lesquels étaient une spécialité des poteries de Séto; ils appartiennent au genre dénommé Kosétho, c'est-à-dire vieux-sétho.

Au retour de Chine Toshiro entreprend les vases de sa deuxième manière appelés *tobutsu*. Ce sont en général des tchaïré de petite dimension, vases minces, légers. Ils cuisent maintenant dans la position naturelle, enfermés dans des étuis ou cazettes. L'orifice supérieur est émaillé et l'itoguiri soigné.

On peut dire que ce sont désormais des œuvres pleines de goût et de grâce; malgré leur volume restreint, elles ont immortalisé le nom de l'habile céramiste. La terre bien serrée et très finement tamisée varie du rouge vif au violet; elle est très dure et a reçu des Japonais le nom de grès-de-pierre (ishi-yaki). D'autres fois elle est rouge pâle grisâtre : c'est le *shiro-tsuch* (terre blanche) qui se rapproche de la pâte de porcelaine.

La couleur de l'émail rappelle en général les

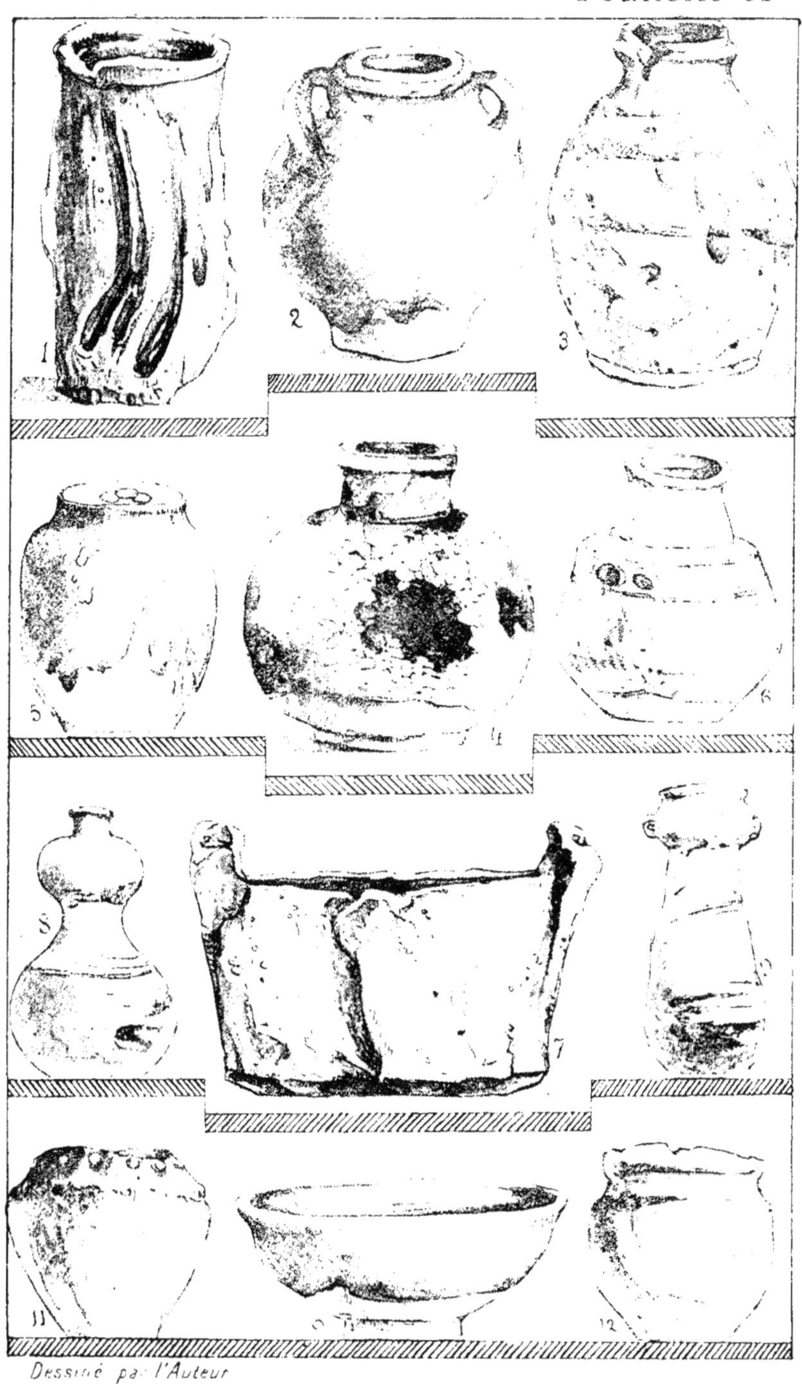

1. Vieux Iga. — 2. Vieux Satsuma. — 3. Vieux Shigaraki. — 4, 5, 6, 11. Vases, par Toshiro Ier. — 7. Vieux Iga. — 8, 9. Vieux Bizen. — 10. Temmokou. — 12. Japonais archaïque.

nuances variées du fruit appelé kaki semées de larges taches noires : il y a ainsi des pièces jaunâtres, rougeâtres, brun-orangé, mais non jaune franc. Quelques-unes présentent des taches claires qui transparaissent : ceci est le produit d'un engobe blanc sur crû surémaillé d'une couverte sans doute légèrement colorée.

Une particularité de cette poterie est la nuance dite *uʒurafu* (couleur plume de caille) produite par les épaisseurs différentes de la glaçure qui se loge plus abondamment dans les creux imprimés par le passage du tour et paraît en minceur sur les bords et les arêtes.

Nous pensons que ces émaux étaient tous des engobes de la nature des ocres et des minerais de fer et de manganèse, sous une couverte vitrifiée voisine de la couverte de porcelaine. Nous verrons d'ailleurs que les gisements situés aux alentours du village de Séto[1] pouvaient fournir presque tous ces matériaux.

1. Indistinctement Sétho ou Séto, est à 25 kilomètres de la grosse ville actuelle de Nagoya, province d'Owari. Le village de Séto a fourni d'habiles potiers depuis les temps les plus reculés et ses produits s'étaient répandus dans tout le pays : de là l'habitude d'appeler *sétomono* toutes sortes de poteries (Ninagawa).

On a remarqué que les tobutsu étaient très rarement vernissés à l'intérieur.

De l'époque où Toshiro entra en religion date une troisième série de vases : ce sont les vases *Shunkéï*.

Il paraît avoir alors transporté ses fourneaux à Asahi (montagne près d'Uji). Les matériaux chinois commençaient à faire complètement défaut : c'est l'époque des découvertes japonaises. Et le vieux chercheur œuvrait toujours, tantôt mélangeant les matières, tantôt utilisant seulement les nouvelles. Malgré cela sa dernière manière ne le cède en rien à ses réussites antérieures. Les coloris fournis par le mélange des substances japonaises changent un peu : on voit alors paraître un très beau jaune d'or translucide toujours maculé de larges taches noires, dont le vieux potier s'est beaucoup servi vers la fin de sa carrière.

LES SUCCESSEURS DE TOSHIRO

POTERIES DE SÉTO

Tous potiers de père en fils, ainsi qu'il est d'usage au Japon, les descendants de Toshiro se sont succédé jusqu'à nos jours. Sa famille existait encore au xixe siècle dans la région de Séto.

Les précieuses recettes transmises d'une génération à la suivante se maintinrent dans leur perfection sous les quatre premiers successeurs, c'est-à-dire jusqu'au xve siècle. Mais ensuite la fabrication déclina sensiblement.

Le premier fut son fils, connu sous le nom de Toshiro II (d'après le Meïbutsu-ruiju).

On a cru pouvoir identifier ses œuvres, très semblables à celles du père; mais l'expertise date du XVIIe siècle, ce qui lui ôte toute certitude. Quoi qu'il en soit, les vases présumés de Toshiro II reçurent à cette époque une appellation spéciale.

Il nous suffira de dire que ces pots à thé sont aussi parfaits que ceux du grand Toshiro. Issus des mêmes manipulations savantes et parés des mêmes émaux splendides, quelques-uns présentent en outre une coloration nouvelle : le bleu. Leur argile est parfois d'un beau noir brillant. Enfin, détail important, on possède un pot de Toshiro II lequel porte une large signature incisée en creux sur la panse : c'est le premier spécimen connu de poterie portant une inscription (XIIIe siècle).

Nous ne saurions trop redire que ces œuvres de la fin du vieux Shunkéï ou de ses successeurs immédiats sont recommandables par une splendide couverte translucide d'un jaune éclatant comparable à un lustre d'or. Cet émail a reçu des Japonais le joli nom de Namakote, de *Namako*, biche-de-mer (mollusque échinoderme jaune d'or qu'on pêche sur les côtes). Nous pensons que cette nuance remarquable est un engobe de terre jaune (une ocre) sans doute de provenance indigène, posé sur pâte blanchâtre crue et révélé par

une couverte de la famille des couvertes de porcelaine.

Ce ton d'or disparut assez tôt et le secret en
paraît dès lors perdu.

Après Toshiro II vient Tojiro. Mêmes soins,
même fabrication impeccable. Et le suivant s'appelle Toza.

Celui-ci laisse sur la pièce une réserve de terre
nue en forme de triangle et cette particularité
fournit aux Nippons, pour désigner ses vases, le
vocable de « Hafugama » (en forme de triangle).

On rapporte que au xvi⁰ siècle un amateur de
poteries possesseur de plusieurs vases de Toza
qu'il vénérait au delà de tout, leur appliqua la
dénomination de « Oyosaté » (*oyoso* voulant dire
peut-être), c'est-à-dire *peut-être* les plus beaux du
monde. Nous rencontrons ici la forme délicate et
tout enveloppée de poésie d'une appellation japonaise.

A partir de la quatrième génération, c'est-à-
dire au xv⁰ siècle, l'art dans la famille Toshiro
paraît avoir sensiblement décliné ; du moins elle
ne présente alors aucun artiste remarquable.

Cependant en 1800 les descendants du grand
céramiste étaient toujours à l'œuvre. L'un d'eux,

Kato-Kichizaemon, fournit le sujet d'une anecdote historique.

Déterminé à s'approprier le secret de la porcelaine bleue d'Arita (province de Hizen) qui avait de tout temps concurrencé Séto, il y envoya en cachette son frère nommé Tamakichi avec mission de se renseigner. Celui-ci dut feindre et pour arriver à ses fins il fut obligé d'épouser la veuve d'un potier du pays. Il lui fallut quatre années pour s'instruire, au bout desquelles il revint à Séto rapportant la recette du bleu sous couverte (somet-suké) qui se répandit dès lors dans la province d'Owari.

On ajoute que les artisans d'Arita, rendus furieux par cette trahison, mirent à mort la femme et les enfants abandonnés par le transfuge, afin d'exterminer à tout jamais sa race.

Pour être complet il nous faut dire un mot des poteries de Séto dans les temps modernes.

A 25 kilomètres de la grosse ville de Nagoya (240.000 habitants, province d'Owari), relié par un chemin de fer qui dessert la station toute voisine de Kozoji, se trouve le bourg de Séto formé de l'agglomération de quatre villages. Tajimi, la halte suivante, est lui-même un centre céramique des plus actifs.

Nous sommes ici en quelque sorte au berceau de l'Art de Terre[1] et on peut dire que tout le pays à 25 kilomètres à la ronde est occupé uniquement de cette industrie.

Entre Séto et Tajimi les bords escarpés d'un cours d'eau rapide, sur lesquels sont venus se grouper les travaux céramiques tels que extraction, broyage, lévigation, etc., offrent le tableau le plus animé et mainte scène pittoresque.

Il se fait bien encore quelque poterie, mais la grosse affaire à l'heure actuelle est la porcelaine presque toute décorée en bleu sous couverte. La spécialité de Séto dans ce genre, laquelle s'est brillamment affirmée lors des grandes expositions d'Amérique et de Paris, consiste dans les pièces plates de très grande dimension. D'habiles ouvriers sont parvenus à sortir du four sans aucune tare des plateaux de porcelaine parfaitement plans ayant jusqu'à 1 m. 60 de diamètre et tou-

---

[1] Le Yengi-Shiki, livre traitant du cérémonial et remontant à l'an 927, parle des poteries de Séto, lesquelles furent soumises à l'empereur Daïgo-Tenno.

jours d'une seule pièce, ainsi que des tableaux de 3 mètres. Séto seul, au Japon, est outillé pour la réussite de pareils ouvrages.

NOTE TECHNIQUE

Nous avons vu que Séto depuis les temps modernes, renonçant à la poterie, s'est tourné vers la porcelaine, empruntant les procédés d'Arita.

Bien que les produits de cette nature sortent un peu de notre cadre, il peut n'être pas inutile de donner ici, d'après un document officiel émanant du gouvernement japonais, la nomenclature des principales matières céramiques employées à Séto, nous réservant de parler ailleurs en détail de la fabrication d'Arita.

De Séto même on tire les terres Kaïro-me-tsuchi et Séto-konjo.

Le Shiraka-tsuchi, une autre terre, provient de la province de Mino ainsi que l'alumine naturelle appelée Shiro-ye-tsuchi (de Nazugawa).

Deux roches que l'on broye proviennent de

Hiromi et de Shirakawa (province de Mikawa).

On cite d'autres terres encore.

Enfin la cendre employée comme agent de fusion est celle du *Distylium racemosum*, provenant de la calcination d'une gousse ligneuse, sur laquelle nous donnons page 107 une étude complète.

APERÇU HISTORIQUE

Arrivés à ce point, nous croyons indispensable de donner un aperçu aussi succinct que possible de l'histoire du Japon entre le xiii⁰ et le commencement du xvi⁰ siècle, la loi de répercussion de l'état politique sur l'Art, surtout lorsqu'il s'agit d'un art indigène, ne nous paraissant pas niable. On verra d'ailleurs par ce qui suit que cette période fut extrêmement troublée au Japon et tous les arts (céramique comprise) par conséquence demeurèrent sans progrès et comme en détresse.

En 1275, le quatre-vingt-onzième mikado Go-uda-Tenno (1275 à 1287) contemporain du célèbre empereur de Chine Kublaï-Kan (dynastie mongole), doit subir les prétentions arrogantes de celui-ci. Par deux fois le conquérant tartare se rue sur le Japon avec des flottes de mille jonques. La deuxième fois son Armada tout entière est anéantie par une tempête effroyable, sans doute quelque raz-de-marée. Il n'échappa que trois Célestes, rapporte la chronique.

Le bouddhisme très répandu au Japon y compte alors plus de dix mille temples.

En 1300 la Cour réside à Kamakura (actuellement province de Sagami, vers Tokyo). A cette époque la famille impériale compte deux branches; et sous le quatre-vingt quatorzième empereur il est solennellement décidé que chacune d'elles régnera alternativement pendant dix ans. Le pouvoir effectif est déjà entre les mains des Shoguns qu'on a comparés à nos maires du Palais.

Bientôt paraît l'empereur Go-Daïgo (1319-1338) illustre par ses malheurs.

Esprit délié mais caractère faible, il essaya d'abord de revendiquer le pouvoir, mais ne put réussir. Vaincu, capturé par son ministre Takatoki, de la puissante famille de Hojo, il est relégué dans l'île d'Oki et remplacé par un autre mikado.

Plus tard les partisans de Go-Daïgo ayant réussi

à se reformer secrètement délivrent l'empereur, le mettent à leur tête et après une lutte sauvage ils parviennent à anéantir la puissante famille des Shoguns (Hojo) et Go recouvre son trône.

Après lui viennent de longues années de disputes armées entre les vassaux de la Cour et les partisans des Shoguns. Ces troubles favorisèrent la famille Ashikaga issue d'un soldat : ce fut l'origine de sa grandeur. Kyoto et Kamakura abritent chacun un empereur : mikado du Nord, mikado du Sud ; et ces déchirements durent soixante années au bout desquelles on revient à la convention du règne alternatif.

Nous sommes alors, en 1400, sous le quatrevingt-dix-neuvième empereur. La famille Ashikaga qui fournit les Shogun, tient alors fermement entre ses mains les rênes du pouvoir. Des relations courtoises sont rétablies avec la Chine et demeurèrent longtemps excellentes. Le Japon paraît avoir joui alors d'un peu de calme.

Mais bientôt, dans le cours du xvᵉ siècle, sous le long règne du mikado Go-Hanazono (1429-1464), les guerres civiles recommencent entre grands vassaux ambitionnant le pouvoir toujours détenu par les Ashikaga. Tous ces grands seigneurs entretenaient chacun une armée; le désordre était absolu.

Sous le cent deuxième empereur, lequel meurt juste en 1500, le siège de ces rivalités sanglantes est Kyoto même. Ces tueries féroces dans l'intérieur de la capitale, causent de grandes catastrophes. Des palais sont dévorés par les flammes et de nombreux objets d'art précieux anéantis. Nous sommes à l'aube de XVIe siècle.

C'est l'époque où vivait le Shogun Yoshimasa (1436-1490) dont nous parlons plus loin.

Bien que ces circonstances paraissent des moins favorables, il semble que l'industrie potière qui répondait à une nécessité de la vie japonaise, continua tout de même à s'exercer pendant ces années troublées, mais sous une forme assez grossière et de qualité inférieure.

Les centres de production étaient nombreux: Imbé, ainsi que diverses localités de la province de Bizen cuisaient déjà à cette époque leurs grès nus lustrés, colorés dans la pâte.

Ailleurs, au point où les trois provinces — Iga, Omi et Yamato — viennent se réunir, sur un espace de moins de 30 kilomètres carrés, nous trouvons plusieurs centres de fabrication importants : c'est Asahi, montagne près d'Uji (Yamato) et Akahada (Yamato) : c'est Shigaraki et Zézé (province d'Omi); c'est Marubashira, vers Uyeno (province d'Iga) qui fournit le Iga-yaki.

Tamba, la province qui touche le Yamashiro à l'Ouest, cuit ses produits (tamba-yaki) à Ono-mura, district de Taki; Owari, vers l'Est, fait le Séto. Karatsu en Hizen et Takatori (province de Chikusen) sont en pleine activité. Citons encore vers le Nord Hagi en Nagato et dans l'ile de Kyushu les Higo-yaki, produits de la province de Higo, ainsi que les Satsuma, etc.

Nous reviendrons bientôt avec détail sur chacune de ces fabrications.

LE XVe SIÈCLE — YOSHIMASA

ORIGINE DES CHA-NO-YOU

Que devenait pendant ce temps la science du thé que nous savons étroitement liée au progrès de l'art qui nous occupe? C'est ce que nous allons essayer d'exposer en reprenant les choses d'un peu plus haut. Ce détour nous ramènera aux Chano-you du xve siècle et à leur promoteur, le puissant seigneur Ashikaga Yoshimasa.

On fait remonter les assemblées de thé à 600 ou 700 ans (environ l'an 1200). Elles traversèrent trois phases. D'abord cérémonies purement religieuses étroitement liées au culte bouddhique, elles dégénèrent ensuite en prodigieuses scènes de débauche, pour se relever enfin sous la forme d'assemblées d'esthétique et d'art qui étaient aussi des académies de politesse.

A l'origine, des bonzes de la secte Zen, éprouvant le besoin d'une drogue pour se tenir éveillés et prolonger leurs pieuses méditations, eurent recours au thé qui était une médecine.

Vers 1200, le prêtre Eisaï présente au Shogun Minamoto-Sanetomo un traité sur la « salutaire influence du breuvage thé ». Ce ministre, jeune et débauché, s'adonnait à l'ivrognerie et le saint abbé, pour le détourner de ces excès, essaya de lui faire adopter un cérémonial semi-religieux, sorte de cène où le vin était remplacé par le thé : c'est là, semble-t-il, la première formule de la cérémonie.

Et, d'ailleurs, les cérémonies du thé ont conservé jusqu'à nos jours quelque chose de cultuel. Il n'est pas rare que les pratiquants se rasent la tête et s'affilient à la secte Zen. Les diplômes de maîtrise se délivrent encore aujourd'hui au seul temple Daï-tokuji à Kyoto.

Plus tard, nous trouvons les séances de thé transformées en scènes de galanterie et de débauche. Un document de 1330 nous en trace le tableau suivant : « Dans de vastes appartements remplis d'objets précieux les Daïmyos reposent étendus sur des lits de peaux de léopards. Un repas composé de mets rares était servi. Des thés d'espèce et de préparation très différentes étaient ensuite apportés et l'amusement des convives consistait à deviner la provenance de chaque breuvage. Celui qui avait deviné juste recevait en cadeau un des objets d'art répandus dans la pièce. Mais les règles de la galanterie d'alors exi-geaient qu'il fît présent de son gain aux courti-sanes, danseuses et musiciennes qui apportaient leur charme à ces fêtes. »

De telles mœurs entraînaient, est-il besoin de le dire, beaucoup de dérèglement et de ruines.

Tel était encore l'état des Cha-no-you lorsque parut Yoshimasa (1436-1490).

YOSHIMASA

On sait que celui-ci, sorte de tyran magnifique et féroce, se démit du Shogunat afin de pouvoir

se consacrer tout entier à ses vices raffinés et à
sa passion pour le thé. Dans son vaste palais de
Kyoto il fit élever, joints à une pagode, divers
locaux de proportion calculée, et c'est là que, de
concert avec ses deux favoris les bonzes volup-
tueux Shuko et Shinno, il élabora le Code du
Cha-no-you encore en vigueur de nos jours. Les
anciennes règles furent révisées, tout fut minu-
tieusement ordonné et — principale réforme — la
dimension de l'appartement ramenée à une mesure canonique de 3 mètres sur 3 seulement·
(Nous donnons plus loin d'autres détails.)

Voici comment s'exprime, sur le compte de ce
personnage, une Histoire sommaire du Japon pu-
bliée sous le contrôle du gouvernement mika-
donal :

« Pendant son gouvernement, Yoshimasa avait
été grand amateur de plaisirs ; ce fut lui qui encouragea par son exemple les réunions dites
Cha-no-yu (réunion pour prendre du thé et dont
l'étiquette est très compliquée). Il fit construire
la célèbre villa de Higashiyama à Kyoto où il
réunit une riche collection de tableaux et d'antiquités. Cette villa était entourée de jardins magnifiques que l'on admire encore aujourd'hui.

Malheureusement, les prodigalités de Yoshimasa firent de grandes brèches au trésor et le peuple eut à en souffrir. Sous ce règne, le prêtre Sesshiu revint de la Chine. Ce prêtre fut un des plus grands peintres du Japon. On cite également Kudara-Kawanari, Kosé-Kanaoka et le prêtre Meicho. Les deux familles Tosa et Kano qui ont produit plusieurs artistes célèbres, datent du temps de l'administration des shogun de la famille Ashikaga. »

D'après l'érudit archéologue Ninagawa, « vers 1460, Yoshimasa, passionné pour le luxe, commença à se livrer sans retenue aux plaisirs de la table. Il bâtit des palais, creusa des lacs, fit venir de toutes parts des plantes exotiques et des statues de pierre colossales. Le peuple ne put supporter sa tyrannie et se plaignait continuellement, de sorte que, en 1475, Yoshimasa abdiqua la dignité de Shogun et se retira bientôt dans sa villa de Higashi-yama (Kyoto) en 1480.

« C'est là, dit le Yo-jin-fushi (ouvrage qui décrit la province de Yamashiro), qu'il se divertissait à collectionner les vieux dessins et les vieux vases et à fabriquer suivant son goût une variété de nouvelles poteries dont les nombreux spécimens qui se sont conservés jusqu'à nos jours, sont connus sous le nom de Higashi-yama dono on shina (objets précieux du seigneur de Higashi-yama). La plupart de ces objets ont été fabriqués soit par ses chambellans, soit par ses amis qui ont légué cet art à la postérité. »

D'après le Kokon-meibutsù-ruijù, Yoshimasa était grand collectionneur d'antiquités. Il tenait souvent des réunions de cha-no-yu dans sa villa de Higashiyama où il avait une riche collection d'ustensiles de thé et d'autres curiosités. Noami et Soami[1], deux célèbres maîtres de cha-no-yu, étaient chargés par lui de rechercher les objets rares de toute sorte, de leur donner des noms et d'apprécier leur valeur.

Ce shogun avait fait construire, attenant à la pagode de Gin-Kakudji, une chapelle où il avait réuni comme un musée d'objets rares et tout auprès une sorte de cellule étroite n'ayant que 9 mètres carrés en superficie. C'est là qu'il donnait ses réunions du chanoyu auxquelles étaient invités Shuko, son maître de thé, et plusieurs seigneurs de sa cour. C'est à dater de cette époque

1. Shinnoami (ou Shinno) et Shin-soami.

que le chanoyu devint un véritable art avec toutes
ses règles bien fixées.

Le bonze Shuko fonda le système du Mac-cha
(thé en poudre) avec ses lois fort compliquées.
Yoshimasa se fit son élève. Shuko mourut en 1502,
survivant à son maître, lequel s'éteignit en 1490.

Shin-noami (ou Shinno) et Shin-soami, attachés
à la famille Ashikaga, avaient pour fonction d'or-
ganiser les réunions, de garder les ustensiles,
d'examiner divers objets tant chinois que japonais, et de faire le thé selon les règles du Cha-
no-you. Shinno était, dit-on, très avisé connaisseur en curiosités. Il fut l'inventeur d'une sorte de
cuiller pour puiser la poudre de thé qu'il façonna
de ses propres mains, de sorte qu'il devint de
mode, entre amateurs de thé, de fabriquer soi-
même sa cuiller.

CÉRÉMONIE DU THÉ

La cérémonie même, qui n'a pas beaucoup varié depuis cette époque reculée, a été souvent décrite.

La salle de la fête doit être un local spécial, un lieu retiré loin de toute agitation et de tout bruit. Ses dimensions consacrées sont de 81 pieds carrés (9 mètres carrés). Dans un cabinet attenant sont disposés les ustensiles idoines. Il y a, d'ailleurs, une sortie sur le jardin.

Les murs de la pièce sont quasiment nus ; ils ne doivent porter qu'un rouleau orné d'une inscription et une gerbe de fleurs souvent disposée dans un vase mural. L'heure est parfois très matinale, de 4 heures à 6 heures du matin ; d'autres fois c'est l'après-midi, vers 6 heures.

La cérémonie comporte toujours un repas ; le thé vient ensuite : c'est le thé en poudre. Épais, il se nomme Koi-cha[1], — Usa-cha quand l'infusion est légère.

Dans le Koi-cha, tous les actes de la cérémonie sont exécutés par l'hôte en personne ou dirigés par lui. Après les formules de bienvenue et force inclinaisons, c'est lui qui allume le fourneau, rince les ustensiles et brûle d'abord des parfums suivant des formes intentionnellement ralenties et cérémonieuses. Chaque détail, chaque geste est fixé à l'avance d'après un code respecté. Tous les ustensiles présents, tels que bols, bouilloire, boites à parfums, etc., passent de main en main ou sont admirés à distance, mais toujours suivant une étiquette et dans un langage consacrés. Cela constitue la première partie.

Vient ensuite le lavage des mains. On balaie la petite salle et, au son d'une grêle clochette, les convives quittent leurs places et passent dans le jardin. C'est l'entr'acte.

Ils rentrent bientôt pour le second service qui

1. Le Koi-cha a la consistance et la couleur d'une soupe faite avec des pois.

débute par un repas. C'est à la fin seulement que
la bienheureuse infusion préparée par l'hôte dans
le bol même est présentée à chaque convive et
fait le tour de la société, toujours dans le même
vase qu'on remplit plusieurs fois.

La tasse vide est ensuite lavée, essuyée et
chaque convive la prenant en main peut l'admirer
tout à son aise. Ici finit la cérémonie qu'il serait
incorrect de faire durer plus de deux heures.

USTENSILES ET ACCESSOIRES

Donnons la liste des ustensiles employés, intéressante pour les céramistes aussi bien que pour les japonisants, car elle comprendra à peu près tous les objets de poterie qu'on rencontre dans les collections.

Le réchaud (*furo*) portatif est un vaisseau de terre de forme arrondie monté sur trois pieds; il supporte la bouilloire (*Kama*) laquelle est de métal.

Un vase à tiédir l'eau.

Le pot à eau fraîche (*midzu-sashi* ou *midzu-iré*) généralement de matière grossière.

Le pot à thé en poudre (*cha-iré*) bas, de forme ovoïde, de pâte dure à riches émaux, mais sans décor tracé au pinceau; il est souvent enfermé dans une gaine, sorte de sac d'étoffe précieuse. Ces récipients (ils vont par paire) sont toujours de petite dimension; le thé vert qu'ils contiennent étant très fort, s'emploie en minime quantité. Il est, d'ailleurs, d'un prix élevé.

Le bol à thé (*cha-wan*)[1] très varié de forme, mais préféré d'aspect archaïque et fruste, comme taillé à la serpe. Ici, le décor peut être de mise, mais toujours jeté, poché, fait sans avoir l'air d'y penser : tel est le goût japonais. L'infusion, nous l'avons dit, se fait directement dans le bol.

Le bassin pour les cendres (*Haï–ki*), rond, généralement de terre brute, avec les bords roulés en dedans.

La théière (*do-bin*) usitée rarement, est semblable aux nôtres. Une autre sorte a pour poignée une tige droite ou à angle droit.

Le *Kogo* est la boîte à renfermer les parfums et le *Koro* le brûle-parfums. Ces petits vases qui nous présentent des thèmes variés à l'infini, témoignent de l'inépuisable fantaisie des artistes japonais.

Citons encore de petits plateaux (*Sara*) servant de soucoupes ;

Le vase à bouquet (*Hana-iké*) ainsi que le vase mural et celui qui se suspend ;

Enfin le brasier (*hibachi*), l'étui pour la serviette, etc.

---

1. *Temmoku* est le bol large, évasé. Je trouve aussi *natsu-chawan* qui veut dire tasse d'été, car il y a bien la cérémonie d'hiver et la cérémonie d'été.

Si l'on ajoute à cette liste les quelques objets suivants :

Le *shiù-ro*, chaufferette à mains ;

La gourde ou bouteille à saké (formes originales et variées à l'infini) ;

Les *okimono*, nom générique de tout bibelot décoratif, petits magots, figurines ou groupes, etc., mais n'ayant aucune destination d'utilité ;

Le *Kwasi-iré*, coupe ou boîte à gâteaux ;

Et encore les quelques articles pour les fumeurs, on possèdera la nomenclature à peu près complète des objets de poterie créés par le génie inventif du petit peuple nippon pour satisfaire, charmer et amuser les buveurs [1].

1. Voici une liste de divers objets en poterie, provenant de collections, avec signalement de la forme :

Théières : en forme de fruits, oiseaux, travail de vannerie, section de bambou, forme de bateau, etc.

Boîtes : forme éventail, feuille, plate de forme irrégulière, forme canard, aubergine, coquille, etc.

Vase mural pour des fleurs, en forme de vannerie allongée ; pied ou support de théière.

Coupe à fruits ; gobelets, écuelle forme corbeille ; saucière et raviers, forme de fruits sectionnés.

Cantine de voyage (en terre émaillée), veilleuse en grès, chaufferette à mains, étui à serviette pour le thé, poids, etc.

LE XVIᵉ SIÈCLE

HIDEYOSHI. — RIKYU

Voici ce xviᵉ siècle, ère culminante pour les
chanoyu et les arts, âge d'or de la poterie.

Deux très grands ministres, des guerriers fameux, une aristocratie de seigneurs magnifiques
aux mœurs raffinées, des maîtres de thé et des
sectes sans nombre, et parmi eux le grand réfor-
mateur des cérémonies, l'arbitre suprême du goût
japonais, Rikyu ; une foule d'écrivains, d'artistes,
d'experts et de connaisseurs et toute cette élite
possédée d'une espèce de frénésie pour le thé et
les objets qui s'y rattachent.

Et tout cela : ces fêtes, ces raffinements, ces
plaisirs de dilettanti se déployant non pas dans la
demi-somnolence d'un règne de paix, mais au
milieu des camps, des batailles, des luttes homé-

riques et des plus effroyables convulsions qu'un pays ait traversées. Tel est le raccourci de ce siècle fameux dont l'influence sur les arts s'étend jusqu'au milieu du siècle suivant (1650 environ). Toute cette période comprend ce que les Japonais dénomment Moyen-Age.

Jusqu'aux environs de 1550, sous des princes impuissants, l'anarchie est complète. Les disputes sanglantes éclatent jusque dans Kyoto même. L'autorité des Shogun est tombée à rien, entamée, ruinée petit à petit par les grands feudataires qui sont rois chez eux et entretiennent chacun une armée.

C'est alors que le mikado fait appel à un habile chef de bandes nommé Ota-Nobunaga, le chargeant de pacifier le royaume.

Nobunaga (1534-1582) réussit. Il anéantit ensuite la famille Ashikaga et la supplanta. Il reçut de l'empereur le titre de Udaïjin, mais par manque de naissance ne put prétendre à celui de Shogun.

On vit alors la sécurité et le calme renaître dans la capitale, mais pour quelque temps seulement[1].

---

1. On fait remonter à 1534 l'introduction par les Portugais des armes à feu et des canons au Japon, et vers 1575 l'apparition du christianisme.

Ota-Nobunaga ne peut maintenir son autorité qu'en bataillant sans cesse. Hideyoshi paraît alors sur la scène : c'est un des lieutenants de Nobunaga.

Quand celui-ci meurt prématurément (1582) assassiné ainsi que son fils par un traître, Toyotomi Hideyoshi (1536-1598) se sentant assez fort et assez rusé, n'hésite pas à mettre la main sur le pouvoir. Il ne fit que remplacer son maître dans son despotisme guerrier et bientôt, à la tête de ses armées victorieuses, il soumit et pacifia tout le Japon. Il obtint alors de l'empereur le titre de Kwampaku, qui signifie régent, et ensuite celui de Taïko. Il bâtit pour sa résidence et pour ses plaisirs des forteresses à Kyoto, à Fushimi, à Osaka.

Poussant plus loin encore ses vues ambitieuses Hideyoshi organisa deux expéditions colossales contre la Corée et la Chine (1592-1597); mais, au milieu de la seconde, la mort le prend (1598).

Très rapidement tous ses biens sont dispersés, sa famille s'écroule et le titre de Shogun est alors dévolu, en même temps que le pouvoir, à son lieutenant Iéyatsu (1542-1616) de la noble famille de Minamoto, fondateur de la dynastie des Tokugawa, laquelle a conservé le Shogunat jusqu'à l'ère moderne. Iéyatsu ayant reçu en échange de son fief de vastes provinces vers l'Est, fonda la ville de Yédo, qui n'était rien qu'un village de pêcheurs, et s'y bâtit une vaste forteresse.

Le XVIe siècle, avons-nous dit, marque l'apogée des Cha-no-you. Nobunaga, Hideyoshi et à leur exemple maints puissants barons féodaux furent d'enthousiastes buveurs de thé. Il est parlé alors comme de la plus haute faveur de présents faits sous forme de tasses ou autres ustensiles de thé ; l'estime où l'on tenait un bol, une coupe célèbre, est inouïe. On voit des capitaines d'illustre naissance troquer leur sabre contre une théière ; d'autres, vaincus, condamnés à mourir, s'exécutent cha-wan en main au milieu de l'incendie de leurs forteresses qui s'écroulent.

Il faut dire aussi que les réunions étaient souvent des conciliabules où, sous prétexte de thé, les Samuraï étaient convoqués pour traiter en secret les affaires de la guerre et de la politique.

Dans l'automne de 1587 Hideyoshi, le tout-puissant Taïko, lança une invitation à la nation japonaise pour le plus formidable « five-o'clock » qui fut ou sera jamais, sous forme d'un édit dont on possède encore la minute. Tous les amateurs de thé de l'empire sont sommés de se réunir (date fixée) en plein air, dans la vaste sapinière de Kitano, près Kyoto ; ils doivent apporter avec eux toutes leurs curiosités et bibelots de thé sous peine de mort, « sous peine de perdre à jamais le goût du thé », dit gentiment l'édit.

La fête réussit magnifiquement et se prolongea pendant dix jours. Le tyran à face de singe[1], parcourant l'assemblée, vint insinuer sa grimace auprès de chaque cercle d'amateurs, prisant et admirant les ustensiles dont les plus beaux, est-il besoin de le dire, demeurèrent entre ses mains, — et remplir, comme il l'avait promis, sa tasse à chaque théière. Toutes les classes étaient représentées et pêle-mêle ; le code du Chanoyou d'ailleurs est égalitaire et ne reconnaît aucune préséance.

Quelques années après, en 1594, Hideyoshi convoqua à son palais de Fushimi (près Kyoto) les chefs des différentes sectes ou écoles qui s'étaient formées à propos de l'art du thé. Le plus

---

1. Tel était le surnom du Taïko qui était fort laid.

notoire parmi ces Tchajins (maîtres de thé) était Sen-no-Rikyu, appelé plus communément Rikyu (1521-1591), grand nom, très populaire encore au Japon. C'est lui qui réforma et codifia définitivement la cérémonie, lui donnant les règles qu'elle a conservées depuis.

Rikyu, également expert dans la science des bouquets, était d'une compétence inouïe en matière d'objets d'art et de curiosités. Mais il abusa de ces dons pour s'enrichir démesurément et cela en trompant jusqu'à ses meilleurs amis auxquels il vendait des copies pour de l'ancien, etc. Très lié avec Hideyoshi qui se disait son disciple, il accompagna son puissant ami dans ses campagnes, présidant aux parties de thé qui se donnaient entre deux batailles.

Cependant sa mauvaise foi finit par irriter le maître. A cela vint s'ajouter son refus d'accorder au Taïko la main de sa fille, créature exquise qui était fiancée à un autre.

Tombé en disgrâce, Sen-no-Rikyu reçut l'ordre du harakiri et s'exécuta, dit-on, dans son cabinet de thé après avoir bu une dernière fois le divin breuvage, composé un bouquet et rimé une stance en l'honneur de Bouddha (1591).

Nous présenterons un aperçu de son esthétique tout à l'heure.

Des deux expéditions de Corée lancées par Hideyoshi date pour l'art céramique un événement très important[1]. Sur l'ordre du Taïko ses généraux ramenèrent parmi les Coréens prisonniers de nombreux potiers. Ces artisans s'établirent dans les différentes provinces qui relevaient des chefs militaires. Nous allons les y retrouver tout à l'heure en étudiant le détail des centres de fabrication japonaise qui reçurent en général de cet apport une très grande impulsion.

On a discuté sur le point de savoir si, ainsi qu'il s'est produit chez nous pour l'influence venant d'Italie, cette greffe étrangère fut salutaire au goût purement japonais. Nous ne prétendons pas trancher cette question délicate, mais nous croyons en avoir assez dit pour faire comprendre que bien antérieurement à la conquête, l'art céramique japonais était un art bien existant, bien vivant. Nous allons rencontrer bientôt des noms comme Nin-séï, Ken-san et d'autres, tous bien japonais,

---

1. Pendant longtemps on fit même compter de cette époque toute céramique valable au Japon, méconnaissant ainsi tout ce qui avait été fait antérieurement.

7.

qui en seront une nouvelle et magnifique affirma-
tion, quelle que soit d'ailleurs la source, indigène
ou chino-coréenne, où ces artistes puisèrent leurs
inspirations [1].

1. Nous sommes redevables de plusieurs des particularités reproduites dans notre récit à l'éminent auteur de
Things japanese, professeur B. H. Chamberlain. Nous sai-
sissons avec empressement cette occasion de rendre ici
publiquement hommage à son érudition profonde pour tout
ce qui touche au Japon, à sa langue et à son histoire.

DU GOUT JAPONAIS

I

On a remarqué[1] que la langue japonaise ne
contient pas le mot *Art,* non plus qu'elle ne possède de terme pour rendre notre mot *Nature.*

Pour traduire le sens *art, beaux-arts,* les Nippons emploient le composé *bi-jitsù* qui signifie
belle habileté, belle maîtrise. Leur langue nous
offre encore quelques autres à-peu-près, mais
aucun n'est une traduction adéquate de notre mot
Art.

1. Voyez encore B. H. Chamberlain, *Things japanese,*
passim.

Pour le mot *nature*, l'équivalent le plus proche serait *Seï-shitsù*, i. e. attributs propres, ou encore *bam-butsù*, l'universalité des choses.

Ces deux lacunes du vocabulaire rendent fort difficile toute entente absolument explicite sur un thème d'art avec les Nippons quand ceux-ci ne possèdent pas une de nos langues européennes.

Il est à remarquer que chez nous-mêmes le mot *nature* se prête à des significations très variées, quelquefois presque en opposition, et ce n'est pas là précisément un avantage pour s'entendre. Mais il n'en est pas de même du mot *art* qui sonne clair; et son absence dans une langue nous parait difficile à suppléer.

Cela dit, essayons de donner quelque chose comme une esquisse du goût japonais. Bien que faisant allusion ici et là à d'autres formes d'art, c'est toujours du point de vue céramique que nous apprécierons.

Nous écarterons d'abord, d'un geste qui ne paraîtra pas trop sévère, tous ces vases même anciens, pacotille prétentieuse commandée, imposée au décorateur nippon par les comptoirs hollandais de Nagasaki (xviiie siècle). Considérée pendant longtemps comme le seul spécimen de l'art

japonais véritable et affublée du nom pompeux
de *vieux japon*, cette marchandise destinée à
l'exportation nous masquait l'innombrable floraison de ces œuvres délicieuses que nous connaissons aujourd'hui.

Tout cela d'ailleurs demeura parfaitement inconnu de l'intérieur du pays et n'y figura jamais.
Que viendrait faire, par exemple, l'une quelconque
de ces potiches énormes surchargées de décors
dans une demeure japonaise où tout est simple ?
L'idée d'en introduire une paire paraîtrait le
comble du mauvais goût, sinon de la folie.

Si l'on pénètre en effet dans un intérieur japonais, ce qu'on perçoit tout d'abord c'est qu'il n'y a
nul tapage de couleurs, nul encombrement. Ici
tout est simplicité, sobriété, nudité. Peu ou pas
de meubles, à terre des nattes ; au mur un seul
tableau se déroule : c'est une peinture vaporeuse
au lavis, interprétation de quelque stance de poète.
En face, dans une niche pose un vase, un seul :
il est en harmonie parfaite avec les fleurs qu'il
supporte, arrangées elles-mêmes suivant une
science définie.

Certes l'hôte possède d'autres tableaux, d'autres
vases et des vaisselles précieuses, mais *on ne les*

voit pas. Le tableau sera changé peut-être tout à l'heure, le vase remplacé, et les ustensiles du thé, qui sont autant d'objets d'art, vont paraître bientôt, mais seulement à leur heure et chacun dans son rôle. Répandre tous ces objets à la fois par la chambre, les disposer en pendants, étaler des collections dans des vitrines, accrocher au mur des bols et des assiettes, etc., sont autant d'hérésies que le goût japonais ne saurait concevoir et qui feraient hurler.

Il s'ensuit qu'au Japon il n'y a pas d'étalage, pas d'ostentation; le riche n'est pas insolent, il n'éclabousse pas le pauvre : aussi la pauvreté n'y est-elle pas déshonorante et l'idée d'égalité est une des plus répandues.

Maintenant si, dans ce *home* discret, nous passons à l'examen des formes, nous voyons que tout ou presque tout est puisé naïvement dans le dictionnaire que nous ouvre la bonne Nature familière : fruits, fleurs, baies, tiges, animaux, etc., peu ou pas stylisés.

Dans les colorations une note domine : le gris, — tous les gris, pourrait-on dire, et cela constitue une tonalité d'une tenue rare. Avec un peu de noir, du blanc, des bruns, quelques bleus on pos-

sède à peu près toute la gamme. Tant de sobriété
nous fait songer à la palette d'un Vélasquez, qui
se contentait de quatre couleurs.

II

Au xvie siècle, lorsque Rikyu entreprit de régé-
nérer les « chanoyu », ce grand et judicieux esprit
songea à asseoir sa réforme sur une base solide.
Il choisit pour canon la simplicité, la rusticité et
de ces attributs naturels du génie national fit
découler la formule générale du Beau.

Les Japonais sont une nation de Spartiates.
Pendant des siècles la vie avait été frugale, les
mœurs patriarcales et fort simples. Au sortir des
interminables guerres de la féodalité, le peuple
était pauvre, très attaché d'ailleurs à toutes ses
traditions. Il accueillit avec enthousiasme cette
philosophie du Beau basée sur la frugalité ances-
trale. Car les théories du grand tchajin pénétrèrent
également les couches populaires où le sens
esthétique est très répandu et demeuré encore

très vivace de nos jours. Sen-Rikyu et son œuvre, compris, aimés, passèrent à juste titre à la postérité.

Les ustensiles archaïques, œuvres des potiers de l'antiquité, — les vases coréens qui possèdent précisément cet aspect fruste, furent alors en grande faveur. Non contents de s'en inspirer, les habiles céramistes de l'époque mirent leur gloire à les refaire, à les imiter méticuleusement, religieusement, non pas seulement à cause de la mode ou quelquefois pour tromper, mais le plus souvent par admiration, par respect. On possède des bols datant du xviie siècle et signés Nin-séï, où sont enchâssés des fragments d'un autre bol antique et très-vénérable. Et quant aux copies de l'ancien, elles abondent : ce sont des antiques de la Renaissance.

A partir de la réforme, le goût japonais décréta pour les objets du thé, une facture d'apparence bâclée, le décor synthétique poché en esquisse, mais avec quelle virtuosité! — et avant tout pittoresque.

Combien nous voilà loin des décorations léchées et compliquées requises par les comptoirs de Nagasaki!

III

Et d'ailleurs, il convient de le répéter, l'artisan japonais de la belle époque n'était pas un mercenaire. Il est une sorte d'homme de clan, feudataire de son prince, lequel pourvoit sous une forme paternelle à tous les détails de sa vie. Dans ces conditions, l'artiste œuvrait avec amour, soit en vue d'un présent à faire à un Shôgun, soit pour le trousseau de la fille de son seigneur, ou pour tout autre objectif. Il n'avait aucune concession à faire au mauvais goût d'un acheteur. L'art était parfaitement et essentiellement aristocratique, destiné uniquement à la satisfaction d'une élite restreinte et d'une noblesse hautement cultivée. Nulle préoccupation étrangère ne venait troubler l'ouvrier, pas plus qu'il ne pouvait être gêné par la connaissance d'un autre style que le sien propre, puisque, les styles, il les ignorait tous profondément.

Telles sont les concordances extrêmement favo-

rables qui, jointes aux dons naturels de la race,
ont produit cette pléiade d'artisans hors ligne dans
un nombre infini de genres. Ils représentent dans
l'Histoire un groupe exceptionnel, unique, et qui
fait grandement honneur au génie humain.

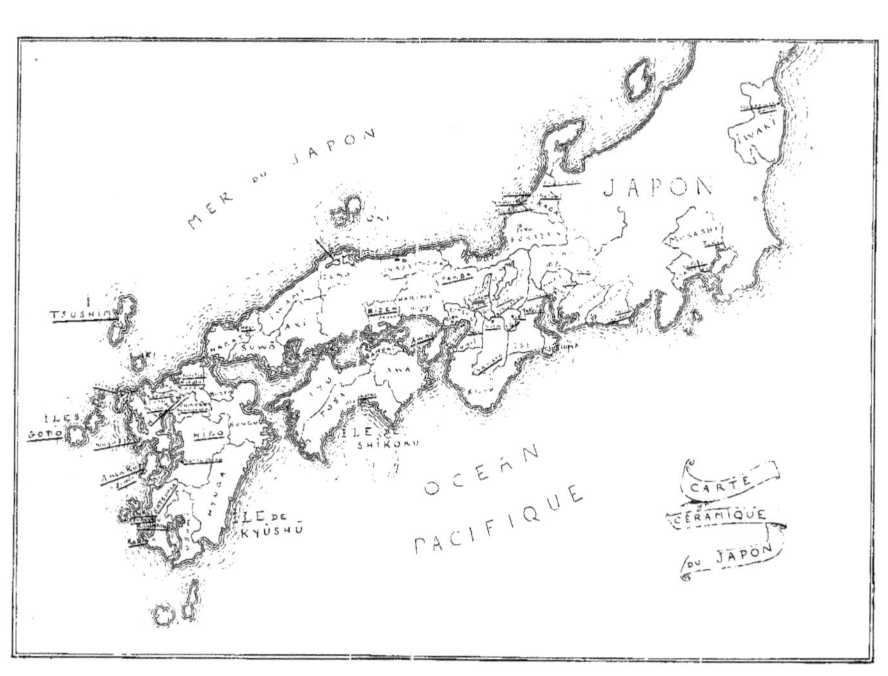

MER DU JAPON
JAPON
OCÉAN
PACIFIQUE
TSUSHIMA
ÎLES GOTO
ÎLE DE SHIKOKU
ÎLE DE KYÚSHÚ
IWAKI
MUSASHI
CARTE CÉRAMIQUE DU JAPON

CARTE CÉRAMIQUE DU JAPON

La carte céramique du Japon, aux xvie et xviie siècles, n'est pas difficile à établir ; presque toutes les fondations ont subsisté[1].

Prises en gros elles présentent deux grands groupements : l'un, très dense, très multiplié, autour de l'ancienne capitale même (Kyoto) avec rejets dans plusieurs provinces circonvoisines ; l'autre beaucoup plus étiré, à l'Ouest et au Sud-Ouest, sur de nombreux points de la côte orientée vers la Corée et la Chine.

Si l'on ajoute à cela quelques foyers isolés (Imbé, Bizen, Kutani, Tokyo, Soma, etc.) qui, pour des causes diverses, eurent une existence séparée, individuelle, — on possède l'ensemble.

1. Voir la carte ci-contre.

Soma est l'extrême point céramique Nord, et Kagoshima (Satzuma) le plus bas au Sud.

Parmi ces fabriques, beaucoup sont très, très anciennes et encore en activité de nos jours; elles représentent, sur les points où elles existent, toute la vie locale, et cela depuis des siècles.

Celles de Kyoto, cela va sans dire, ont surgi de par les besoins du culte et sous le patronage de la Cour, d'abord résidant à Nara. Elles se sont développées sous l'influence des grands, — mais grâce aussi aux éléments naturels et gisements favorables qui se trouvaient là réunis. Parmi celles de l'Ouest, plusieurs furent créées, d'autres considérablement renforcées par l'apport coréen, au retour des invasions de Hideyoshi (xvie siècle).

Enfin, en divers endroits, assez disséminés, les poteries sont nées de la fantaisie des princes. — On remarquera que tous les points céramiques ont une communication courte et facile avec la mer : c'est une échappée qui leur est nécessaire.

Aux alentours de Nara-Kyoto on compte : Shi-garaki[1] (agglomération, nombreux villages), Iga-

1. Le shigaraki est à Nagano-mura, en Shigaraki, district de Koga, province d'Omi. Huit villages voisins, dont Kaméyama et Teshi, fabriquent de la poterie populaire.

yaki (à Marubashira près Uyéno (province d'Iga), Asahi près d'Uji et Zézé, ces quatre localités groupées dans un faible rayon de 25 kilomètres (6 à 7 ris) au plus (sud-est de Kyoto).

A Kyoto même les anciens fours, la plupart encore en activité de nos jours, sont nombreux à Awata, Omuro, Mizoro, Kinkosan, Seïkanji, Kiyomitzu, Iwakura, Narutaki, Yoshida, Fushimi et Fukakusa, etc., etc. Le Rakou et le Yeï-rakou en proviennent également.

Les rejets de ce foyer intense d'activité, dans les provinces avoisinantes, s'appellent :

Tamba-yaki dans le sud-ouest de la province de Tamba (d'abord à Onomura [district de Taki], puis à Tachiki). La très ancienne Akahada (près de Gojo [province de Yamato] aussi Haji, près Akahada).

Une fabrique en Setsû, vers Osaka (Kosobeyaki) ; une autre en Izumi, Minato-yaki près de Sakaï.

Dans un rayon plus étendu, nous trouvons les ateliers de Owari (Séto) et de Mino (Tajimi) et, un peu plus à l'Est, sur le Tokaïdo, le village de Shidoro, près Kanaya (province de Totomi) qui fait le Shidoroyaki. Enfin, en revenant sur la mer intérieure, dans l'île d'Awaji, qui s'étend en face d'Osaka, les poteries d'Igano-mura (au nord de l'île).

Pour en finir avec le Japon septentrional, citons les fours de Tokyo, tous récents; puis loin dans le Nord-Est, sur le Pacifique, la spécialité de Soma (à Nakamura, province de Iwaki), le Soma-yaki; enfin droit au Nord, sur la mer du Japon, Kutani avec les industries de Komatzu, Teraï, Kanazawa et Yamashiro-mura (création relativement moderne).

Nous reportant maintenant à l'Ouest, nous disions que les établissements sont des points du littoral en corrélation naturelle avec la Corée, les uns sur la côte ouest de la Grande-Ile, les autres dans l'île du Sud (Kyûshû) (Higo-Satzuma). Il se trouva précisément que la plupart de ces provinces étaient fiefs des généraux commandant sous Hideyoshi, lesquels, comme on sait, ramenèrent de Corée des familles de potiers. Les ateliers existants en furent considérablement renforcés, — et d'autres créés à cette époque.

Les poteries de l'Ouest sont, en partant du Nord : en Inaba, en Izumo (transportées de Rakusan dans la ville de Matsuyé), en Nagato (à

Hagi), puis en Aki (à Imbé-mura) ; enfin dans l'île
de Tsu-shima.

Dans l'île du Sud, Kyûshû (île des Neuf-Provinces), on trouve les factoreries de Chikuzen
(c'est le Takatori-yaki), de Hizen (centre céramique le plus important d'aujourd'hui à Arita et
vicinité) sans oublier Karatzu, ville déchue, mais
grand nom. Puis, en descendant au Sud, c'est la
province de Higo (le Higoyaki à Yatsuchiro) et
celles de Satzuma et Osumi.

Les ateliers isolés de quelque importance,
quelques-uns remontant à la plus haute antiquité,
sont : Bizen, — Soma et Kutani cités plus haut, —
Banko-yaki à Tokyo et plus tard à Kuwana (Isé),
— Otoyaki (de Kochi, province de Tosa, dans l'île
de Shikokû), etc.

Nous nous proposons de passer maintenant en
revue à un point de vue technique chacune de ces
fabrications céramiques.

Nous présenterons ensuite les potiers connus
qui, malgré de fréquents retours vers le passé,
ont introduit cependant petit à petit le décor polychrome, la dorure et les poudres métalliques,
en un mot une céramique plus voyante, plus tapa-
geuse qui est loin de valoir, tel est du moins

notre avis, les belles qualités de tenue dont nous parlions tout à l'heure.

Malgré de brillantes éclaircies et des individualités remarquables, l'Art de poterie s'achemine désormais vers le déclin. C'est du moins l'opinion sur la suite du xviie siècle, que nous fournit dans des termes mêlés de je ne sais quelle mélancolie l'homme éminent, le haut critique d'art à la mémoire duquel ce modeste ouvrage est dédié.

A dater du xviiie siècle, les temps héroïques sont révolus et ne pourront guère reparaître, du moins pour l'art qui nous occupe.

LES POTERIES DU JAPON

Bizen (et Imbé), — Shigaraki et zone circon-
voisine, — les fours de la région de Séto, — enfin
Karatsû représentent les fondations les plus
anciennes.

BIZEN

Le Bizen ancien est une terre rouge pur à l'état
cru, violet-pourpre après cuisson. C'est un grès
extrèmement dur et fortement cuit.

Parmi les pièces primitives (de destination cul-
tuelle) quelques-unes portent comme un vernis
très mince, sorte de lustre naturel dû aux matières
vitreuses contenues dans la pâte. Depuis, ces

colorations, telles que vert, noir, jaune, etc., pro-
duites à volonté, sont le résultat d'une glaçure
légère et que le feu, mené dans les fours de Bizen
avec une furie extrême, contribue encore à man-
ger. L'aspect cherché de pièce vétuste, taraudée,
rongée par quelque insecte, est ainsi parfaitement
obtenu.

Dans une sorte plus moderne, le grès, également
fort cuit, est gris-bleu.

Au xiiie siècle, Bizen fournissait des poteries
rustiques destinées à mesurer le riz et autres
graines et à leur conservation. Il se mit plus tard
(milieu du xvie) comme beaucoup d'autres poteries,
aux ustensiles de thé. Enfin de nos jours on y
fabrique de la vaisselle de cuisine.

Les grands pots primitifs (Ko-Bizen) sont renommés pour la bonne préservation du thé et
ceux de nos jours tiennent parfaitement les li-
quides.

Un genre de Bizen, datant du xviiie, est dit
Hita-suké, c'est-à-dire poterie à la corde tordue :
c'est le motif appliqué en bourrelets, anses, etc.,
de son décor.

Les fours de Bizen étaient très vastes. Il subsiste encore, dans la province avoisinante d'Aki,

un four du même type lequel remonte au xiiie siècle.
Il n'a pas moins de 128 pieds de long, ce qui nous
a toujours paru immense.

SHIGARAKI

Le genre Shigaraki est identique, à bien peu
près, à l'Iga-yaki (provenant d'Iga, province voisine). Il comprend aussi la poterie d'Asahi et celle
de Zézé qui sont peu éloignés.

Shigaraki abonde en gisements naturels encore
en pleine utilisation de nos jours. Mais dès longtemps les établissements autour de Kyoto, d'autres poteries aussi, firent appel à ces richesses.
On trouve déjà la trace de ces mélanges dans les
œuvres du grand Toshiro (xiiie siècle). Ici la glaise,
qui cuit très dur, jouit d'une particularité : elle est
lourde, sableuse, et semée de petits grains blancs
opalisés par la cuisson. qui sont la poussière d'une
roche de pegmatite finement fragmentée naturellement et disséminée dans la pâte. Certaines
terres de Shigaraki sont encore employées de nos

jours, quelques-unes pour les émaux, dans les faïenceries de Kyoto (Awata, Kiyomitzu, etc.).

Le vieux Shigaraki et l'Iga étaient de préférence façonnés à la main. L'aspect en est fort rustique. C'est une matière rocailleuse et grenue imitant les cassures d'une pierre. L'émail, de belle qualité, composé d'un minerai naturellement fusible, est jeté au hasard et ne recouvre qu'imparfaitement ces lourdes poteries.

Les plus anciennes portent à la base deux empreintes parallèles qui sont la trace d'un support en bois sur lequel reposait la pièce fraîche. L'ensemble porté dans le four, le bois se consumait et laissait sa marque. Plus tard on déposa la pièce sur du sable répandu grossièrement : les *Gétao-Koshi* (vases à empreintes) précèdent donc les *Sunao-Koshi* (vases sablés), lesquels marquent ainsi un progrès de fabrication (xive siècle environ).

Les premiers Shigaraki sont des vases à bouquets et des pots pour l'eau.

Au xvie siècle, Shoo, célèbre professeur de thé (1505-1558), a attaché son nom aux *Shoo-Shigaraki*, jarres et pots à thé dont il encouragea et dirigea la fabrication.

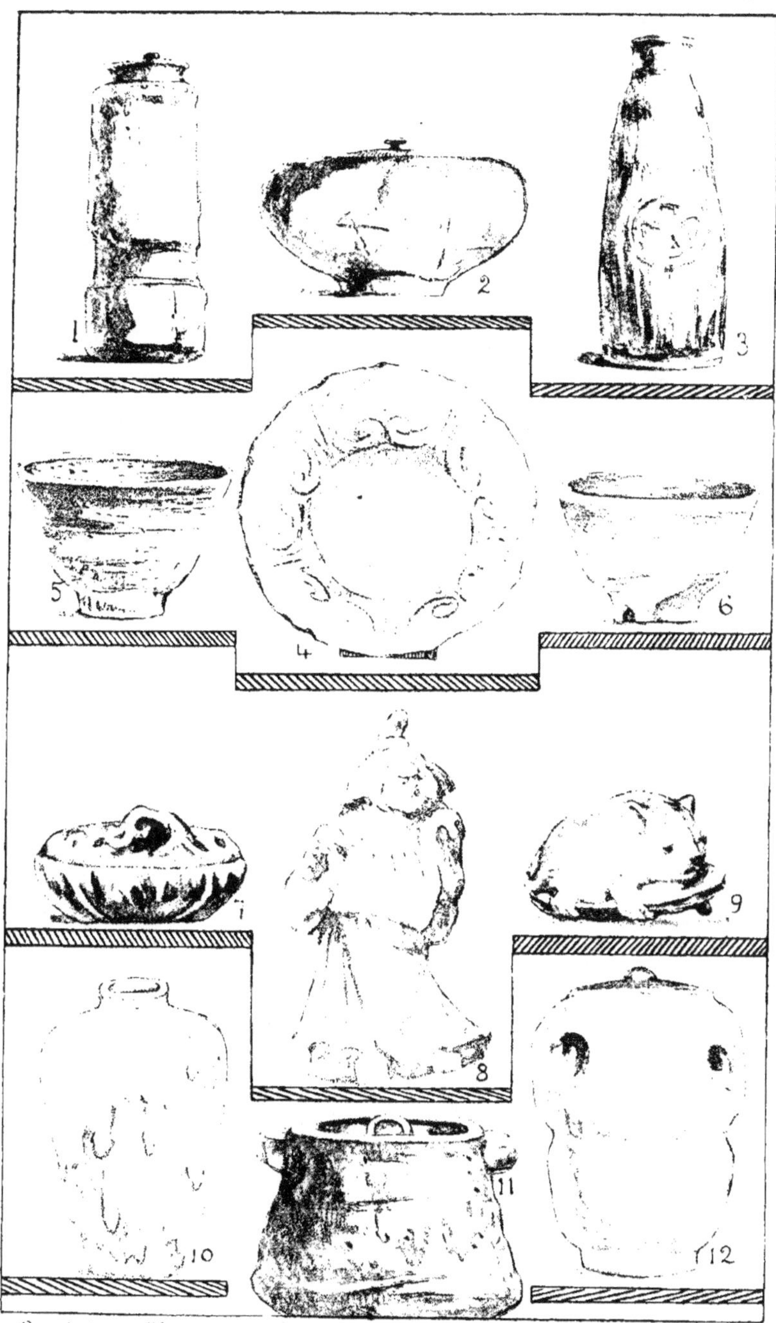

1. Vieux Séto. — 2, 4, 5, 6, Coréens. — 3. Bouteille par Shino. — 7. Kogo. —
8, 9. Okimono. — 10. Vieux Karatsŭ. — 11. Iga. — 12. Higo-yaki.

Shoo, de famille noble, était également poète. Entré en religion vers la fin de sa vie, il repose dans une pagode de Sakaï (Idzumi), sa ville natale.

Sous Rikyu, puis sous Kobori[1], Shigaraki façonne des tasses et ustensiles pour le thé qui jouirent d'une très grande vogue grâce à leur air mal léché. On y cuit aussi des tchaïré imitant le vieux Séto. Un potier très estimé, nommé Shinjiro, excella à tirer de cette matière pittoresque des œuvres charmantes et cependant de haut style, signées Shin.

De nos jours les Ko-Shigaraki ont toujours grande réputation pour la conservation du thé.

La poterie occupe encore une dizaine de villages (le principal est Kaméyama) où l'on fabrique des lampes et jarres à huile.

Asahi, très ancienne fondation, renommée pour ses pots à thé, est une montagne dans le voisinage d'Uji, au centre même des plus riches plantations de thé. Zézé encore en activité est une

1. Kobori, prince d'Enshu (1577-1645), familier de Hidéyoshi et de son successeur Iéyasu, éminent maître de thé et connaisseur en curiosités, fut aussi le fondateur d'une école sur l'arrangement des fleurs en bouquet qui porte son nom.

petite cité vers le lac de Biwa. L'Igayaki, nous l'avons dit, très analogue au Shigaraki, se fabrique à Uyéno (Iga).

Nous avons donné, en parlant de Toshiro et de sa descendance, tout ce que l'on connaît de Séto dans l'antiquité, et nous avons parlé du commerce qui s'y fait de nos jours.

Émanant de la province d'Owari on cite encore : le *Shino*, demi-porcelaine à émail blanc craquelé, très épais, généralement rehaussé d'or en nuage.

Le *Gempin*, sorte de Somet-suké à couverte très épaisse et d'aspect archaïque.

Le *Oribé*, genre encouragé par un prince de ce nom, amateur de thé et courtisan du Taïko (xvie-xviie). Shino était un tchajin renommé, et Gempin un céramiste d'origine coréenne.

KARATSU

Cette très ancienne fondation de la province de Hizen, probablement le point de la côte où abordèrent les jonques portant les premiers potiers coréens, est aujourd'hui déchue comme poterie (actuellement port charbonnier), Imari-Arita, dans le voisinage, ayant accaparé toute l'industrie céramique de la région.

Karatsu est connu pour avoir fabriqué dans l'antiquité les *Yoné-hakari*, grands bols de grès évasés destinés à mesurer le riz et les céréales. Et cela pourrait bien remonter fort loin, car la législation imposant des mesures exactes de capacité, qui succéda à ces anciens usages, date de l'an 700. Tous ces anciens vases, cuits en pile, sont reconnaissables aux trois points rugueux qui sont demeurés à l'intérieur. Ils présentent presque toujours une sorte d'émaillage.

Les matières premières, les émaux, les méthodes de fabrication et de cuisson, tout à cette époque reculée était importé de Corée et le fut sans doute pendant longtemps. A plus d'une reprise, notamment vers 1560, la demande de vieux-coréens étant en ce temps-là considérable, les potiers de Karatsu se mirent à en refaire, et cela sur une très grande échelle.

Les caractéristiques du coréen : ondulations, glaçure d'un bel éclat, mosaïque d'engobes gris, noirs, blancs, bleus, etc., se retrouvent dans tous

ces vases. Il s'ensuit qu'il est extrèmement difficile aujourd'hui de reconnaître avec certitude les
poteries véritablement coréennes, tout au moins
dans les objets d'utilité et d'intérieur. On a bien
prétendu que, dans les vrais anciens, l'argile est
toujours blanchâtre tandis qu'elle est rouge dans
les copies, mais sur ce point nous ne voudrions
pas être trop affirmatif.

Il apparait clairement, au point de vue technique, que les incrustations en couleur des Coréens
sont obtenues par des pâtes blanches, noires, etc.,
foulées dans les cavités d'une gravure sur cru ou
sur premier engobe, le tout revêtu d'une glaçure
grisâtre, sorte de verre, qui nous a toujours semblé
la très proche parente de celle qu'on compose
couramment à Henrichemont (Cher) avec un équivalent de kaolin ou d'une argile blanche, contre
un de cendre lessivée.

Maîtres des méthodes et des manipulations de
la porcelaine, les Coréens ont pu introduire sans
aucune difficulté diverses colorations dans leur
glaçure de poterie ou des accidents de couleur
sous couverte, par exemple les très anciens gris-
bleus sous couverte (Somet-suké) tirés d'un minerai de cobalt impur. Rien ne nous parait plus

simple. Si l'on ajoute à cela quelques terres de
fer ou de manganèse, converties en beaux émaux
bien gras et bien épais, de fusibilité convenable,
on a toute leur palette.

Nous avons dit ailleurs que ce procédé de décoration, de par sa simplicité et sa haute distinction, rencontrait notre complète approbation et
que nous l'admirions sans réserve.

A la suite des invasions de Hidéyoshi (xvi⁰ siècle)
la population coréenne de Karatsu s'accrut encore
et jusqu'aux temps modernes ces artisans restèrent confinés dans la fabrication des objets de thé.
Très florissantes au début du xviii⁰ siècle, les poteries de Karatsu avaient alors à leur tête d'habiles
céramistes tels que : Taro-yémon et son fils Ki-
heiji, Yo-hibei, etc., dont l'avenir a conservé les
noms.

De nos jours la poterie a déserté Karatsu, son
antique berceau, pour se transporter à Arita.

IMARI-ARITA (HIZEN)

Imari, qui ne fabrique pas, est le port d'Arita,
distant de 12 kilomètres par chemin de fer.

9.

L'industrie d'Arita, centre porcelainier contemporain des plus importants, nous est décrite avec détail dans un document officiel japonais que nous avons le bonheur de posséder. Bien que consacrée à la porcelaine, cette communication est tellement intéressante au point de vue céramique que nous ne pouvons nous dispenser d'en donner un aperçu.

La première tentative pour créer la porcelaine à Arita date du xvie siècle. En 1510, Shonsui, natif d'Isé, chercheur intelligent, revint de Chine où il avait appris les secrets de cette industrie et la construction des fours. Il s'établit en Hizen et y commença la fabrication des Somet-suké dont il est, paraît-il, l'inventeur.

Pendant son exil loin de sa patrie, il avait tracé sur un vase fait en Chine qu'il fit parvenir à ses amis du Japon la phrase suivante : « Shonsui est bien vivant », et l'on possède encore aujourd'hui cette pièce curieuse.

En 1592, sous Hidéyoshi, le coréen Ri-sampéï, ramené à Hizen comme otage par un des généraux du Taïko, fut présenté au prince de Nabeshima. Après d'assez longues recherches, ce potier s'établit à Tanaka (nom primitif d'Arita), localité où il avait découvert, dans la montagne

Idzumi-yama, des argiles blanches riches en silice : telle est l'origine d'Arita qui s'est accrue
sans cesse depuis lors.

Composée de six à sept villages possédant tous
des fours, elle compte actuellement plus de
5.000 habitants presque tous adonnés à la poterie.
Une seule firme en emploie près de 500.

C'est à Arita que le potier Tsuji-Kiheïji cité plus
haut (sous Karatsu) découvrit par hasard l'usage
des étuis (1770). Des pièces s'étant renversées
dans le four, l'une d'elles qui se trouva ainsi ren-
fermée par hasard apparut admirablement cuite.
Il réfléchit et introduisit peu après les cazettes,
le plus souvent lutées. Les descendants de Kiheïji,
devenus de grands industriels, pratiquent encore
la poterie à Arita.

En 1820 un porcelainier d'Arita, Hisatomi, ayant
remarqué que la glaçure tirée de l'Idzumi-yama
était très lente à sécher, eut recours à des terres
de Hirado qui n'avaient pas le même inconvénient. On tira aussi pendant longtemps des produits analogues des îles Goto qui sont un peu plus
loin. Cependant de nos jours on paraît être revenu, comme nous allons voir, aux éléments
fournis par l'Idzumi-yama.

Cette colline, voisine d'Arita, est fort riche en gisements de toute sorte. C'est là qu'on trouve, enchâssées dans la roche, toutes les matières nécessitées pour le biscuit, pour l'engobage de la marchandise avant émaillage, pour les émaux et tous autres besoins. Chaque fabricant s'en vient puiser lui-même, sans aucune méthode. Il n'est soumis à aucun contrôle, à aucune réglementation, emportant à son choix tout ce qui lui plaît comme matériaux. Les gros blocs ou pains seuls sont transportés pour usage, les débris sont abandonnés sur place. De plus, un gaspillage énorme a lieu dans le transport, l'emmagasinage et les diverses manipulations.

Dans le but d'éviter cette perte, le dernier prince de la province de Hizen (lequel était de la famille Nabeshima et gouvernait cette province avant la révolution de 1875) avait désigné un fonctionnaire pour surveiller et contrôler l'extraction des matériaux. Plus tard même il fit construire une grille sur la route conduisant à la colline, afin d'empêcher qu'on allât extraire des terres sans autorisation.

Cela apparut aux yeux du populaire comme une atteinte à la liberté du commerce. C'était cepen-

dant une mesure absolument nécessaire pour la
sauvegarde de tous ces excellents matériaux de
fabrication. Depuis l'établissement d'un gouvernement central et l'ère nouvelle, ce contrôle a été
supprimé. Mais le gaspillage a reparu et l'on peut
prévoir qu'il dépassera bientôt tout ce qu'il a été
dans les temps antérieurs.

Voici le tableau de ces matières premières avec
leur lieu d'origine :

Terres pour la composition de la pâte, provenance : Idzumi-yama;

Ji-hiki-tsuchi, terre pour le rachevage : même
provenance ;

Pour la glaçure on tire les composants de
l'Idzumi-yama et aussi de Shiragawa-yama (Arita);

Terres et émaux pour craquelés, provenance :
Shiragawa-yama ;

Enfin une argile réfractaire servant à la fabrication des supports. Pour les moules on emploie
le gypse comme en Europe.

Ces matières sont broyées au pilon, pulvéri-
sées, tamisées, puis façonnées en pains prêtes à
l'usage, etc., comme chez nous. La cuisson est
de douze heures comprenant sept heures de grand
feu. Dans la préparation de l'oxyde de cobalt, qui

se fait sur place, je remarque que l'on délaie le minerai à l'état de pâte avec une infusion de thé, lequel est très riche en manganèse, comme on sait.

La glaçure se compose d'argile blanche (provenance ci-dessus) et de cendre du Distylium racemosum (provenance : Satsuma). Nous préciserons ce produit tout à l'heure. On obtient le vert céladon en ajoutant un peu de cobalt à cette glaçure. Pour attendrir on emploie la craie.

Voici les formules comprenant les proportions et produits qui servent à composer les couleurs :

Rouge : oxyde rouge de fer, une partie; verre pulvérisé, huit parties et demie.

Jaune : sulfate d'antimoine, huit parties; poudre de plomb, quarante; verre pulvérisé, **deux cents**.

Vert : vert-de-gris, six parties et demie; poudre de plomb, six; verre, cinquante.

Vert jaunâtre : en mêlant, vert, sept parties; jaune, trois parties.

Vert clair : vert, trois parties; poudre de plomb, dix ; verre, cinquante.

Blanc laiteux : poudre de plomb, soixante-quatre; biscuit pulvérisé, trente-deux; verre pulvérisé, soixante-quatre.

Violet : oxyde de cobalt, trois parties ; poudre de plomb, six ; verre pulvérisé, trente.

Carmin : feuilles d'or, deux parties ; poudre de plomb, cinquante.

Le *Distylium racemosum* est l'arbre appelé en japonais Yousi ; les Chinois le nomment l'arbre-aux-cousins. Ce sont les gousses de cet arbre, noix de galle qui poussent sur ses feuilles, que l'on calcine et pulvérise pour en recueillir la cendre.

Les galles poussent comme des fruits sur le dessus des feuilles et contiennent des larves d'insectes ailés qui à une époque s'en échappent. En soufflant alors dans l'orifice on en chasse la poussière et l'on obtient une gousse vide qu'on emploie pour conserver le poivre pilé et d'autres épices. Les plus grandes sont de la grosseur d'une prune. Ces arbres sont nombreux dans les iles du sud-ouest (du Japon) et fournissent un excellent combustible[1].

---

1. On trouvera une dissertation complète sur le Distylium dans l'ouvrage de S. Julien, *Histoire du King-te-chin,* page 290.

SATSUMA

Parmi les très anciennes poteries il faut compter aussi Satsuma.

Dans les temps reculés Satsuma (avec Higo et Osumi, provinces voisines) produit un grès primitif extrêmement rugueux, grossièrement recouvert de ces émaux fusibles de grosse poterie, analogues aux laitiers, alquifoux, etc.; parfois aussi des blancs épais, de style coréen.

En 1598 le seigneur de Satsuma, qui était l'un des généraux de Hidéyoshi, rentré victorieux dans ses domaines, ramena de Corée dix-sept potiers renommés qu'il établit d'abord à Kagoshima, puis à Chiusa (Osumi), puis derechef à Naeshiro-gawa, près de Kagoshima. Enfin tout récemment (1902) le quartier des potiers était dans la ville de Tsuboïa, près de Kagoshima [1].

Ces Coréens, obligés par une sage loi de se tenir à l'écart de la population japonaise et se mariant

1. Voir *Handbook for Japan*, Chamberlain and Mason.

entre eux, conservèrent jusqu'à nos jours leurs
mœurs, leur langage et leur type distinctif. Ils
forment actuellement un groupement de 500 familles comprenant 1430 individus.

Ces artisans travaillèrent d'abord exclusivement
avec des terres rapportées de leur pays. C'est
en 1630 seulement qu'un des leurs découvrit à
Naeshiro-gawa le *Shiro-tsuchi*, terre blanche. De
plus ils restèrent toujours fidèles, jusque dans les
plus minutieux détails, aux procédés de travail
importés de leur patrie.

Dans ces conditions, on comprendra aisément
que leurs œuvres (*Ko-satsuma*) demeurèrent pendant longtemps (certainement plusieurs siècles)
identiques en tout point à des poteries coréennes.
Ce sont des terres brunes sous un épais vernis de
couleur riche et profonde : noir-bleuâtre, gris-
vert, rouge-brun mat, etc.; ou encore les *Mishimadé*, incrustations blanches sur fond gris-bleuâtre,
le tout sous couverte; ou encore des blancs de
Corée.

Leurs fours sont les seuls au Japon qui nous
présentent le type exact du four coréen. Toujours
isolé, c'est une sorte de couloir allongé, couché
sur le sol, de 150 à 200 pieds (50 à 65 mètres) de

longueur. Il n'a pas 2 mètres de haut. Les fondations sont en brique, le reste en argile. La durée du feu, avec cet appareil primitif, est de soixante heures.

Dans les temps modernes le Satsuma est devenu une sorte de faïence décorée. Selon quelques experts japonais, ce décor en couleur, ces linéaments d'or et d'argent, etc., ne furent introduits qu'assez tard (au XVIIIe siècle, croyons-nous). — Plus récemment une imitation parfaite du genre Satsuma, faite avec des matériaux provenant de la province de Satsuma même, nous est venue d'Ota, près Yokohama.

Avant d'aller plus loin, précisons que le *Higoyaki*, produit à Yatsuchiro (Higo) et Kota (Higo), repose aussi sur les procédés coréens. C'est une sorte de grès gris, d'un beau style, à incrustations blanches et noires.

NOTE TECHNIQUE

Voici maintenant, d'après notre document officiel, quelques précisions sur la fabrication des Satsuma.

Le sol de Satsuma parait très riche en produits céramiques [1]. Dans les terres, au nombre de trente, qui servent à composer pâte et glaçure, nous trouvons :

Au moins cinq argiles blanches (shiro-tsuchi) provenant de Kirishima (province de Hiuga), Hajimi et autres lieux (Satsuma) et de la province d'Osumi.

Il y a aussi une pierre blanche et un sable également blanc provenant de Kaséda (Satsuma), ainsi qu'une craie. Toutes ces localités d'extraction sont peu éloignées de Kagoshima. — On utilise encore, pour pâte et glaçure, plusieurs terres noires parmi lesquelles le Chikada-tsuchi, des terres et pierres rouges et rouge-violet, une terre jaune brillante (le Kira-ra-tsuchi), une autre pour la glaçure céladon, etc., etc. — On voit la très grande variété des gisements de ce pays et le détail extrême des méthodes céramiques apportées par les Coréens.

Pour la composition de la pâte blanche on mélange trois de ces argiles blanches avec du sable

1. Rappelons le sens des mots japonais suivants : Tsuchi = terre ; ishi = pierre ; suna — sable ; shiro veut dire blanc ; ki, jaune ; aka, rouge, etc.

blanc et un peu de craie. Proportions : craie 1, sable 5. argiles blanches amalgamées 6 1/2.

Pour obtenir la glaçure on broie la pierre blanche de Kaséda, qu'on mêle avec de la cendre de certains bois durs (chêne, yeuse. etc.).

Les couleurs se composent ainsi qu'il suit :

Rouge : verre pulvérisé, 10; To-no-tsuchi[1] (terre de Chine), 3; vermillon de Chine (benigara . 2 1/2: poudre de silice, 2.

Bleu : verre, 10; terre de To, 3; vert-de-gris, 1 2; poudre de silice, 2.

Jaune : verre, 10; vermillon (komio), 3; silice, 3.

Blanc : verre, 10; terre de To, 4: silice en poudre, 5.

Bleu foncé : verre, 10; verre bleu foncé, 8; terre de To, 4.

Violet : verre, 10; terre de To, 1 ; magnésie, 3.

Noir : verre pulvérisé, 10. sur argile noire.

---

1. Le To-no-tsuchi, dont le sens est terre de Chine, est la couverte de porcelaine préparée en Chine sous forme de pains, amalgame de kaolin et d'une roche fusible.

AUTRES POTERIES DE L'OUEST

Outre Karatsu et Arita, la province de Hizen compte différentes poteries, un peu disséminées, telles que Okawaji, Shiro-ishi, Shida et Ko-shida, etc., ainsi que Kameyama, près de Naga-saki. La description très détaillée que nous donnons sous Arita s'applique à ces divers ateliers pour les modes de fabrication.

Pour terminer l'étude des poteries de l'Ouest, il nous faut encore citer :

Yanagawa (province de Chikugo) et Takatori (Chikusen).

Puis quittant l'Ile du Sud ou Kyushu (île des Neuf-Provinces) et passant au Nord dans la Grande-Ile, nous trouvons :

En Nagato : Hagi, puis Tayo-ura et Matsumoto.

En Idzumo : Matsuyé et Fujina. Enfin Tsu-shima.

De Yanagawa on connait des bassins pour les cendres, en grès mat non émaillé, et d'autres portant quelques appliques de terre colorée.

TAKATORI. — Takatori (Chikuzen), poterie d'ancienne fondation, reçut à la fin du xvie siècle un appoint de céramistes coréens, ramenés par le prince de Chikusen, et parmi eux un artiste de valeur, nommé Hachizo. Bientôt après, sous le haut patronage de l'arbitre du goût au xviie siècle, Kobori, prince d'Enshu, lequel a donné son nom à une sorte de vases appelés *Enshu Takatori*, cette poterie se développa et acquit une grande vogue.

Ces produits, vu leur origine, imitent de très près les Coréens. Il n'est pas rare de trouver à la base des pièces, deux arrachements de la terre faits à l'outil.

Après avoir changé plusieurs fois de place, les fours furent établis définitivement, en 1708, à So-bara-mura, district de Sagara.

HAGI. — En Nagato, Hagi, port de la côte, en

face de la Corée, reçut de bonne heure la visite
des ouvriers de ce pays. Dès 1500 on y fabriquait
des bols pour le thé. Vers 1600 un Coréen nommé
Koraï-Zayemon s'y acquit une grande réputation.
Le pied des tasses est incisé en forme de triangle,
sorte de signature coréenne que l'on retrouve
dans le Yatsuchiro et dans le Satsuma.

Matsumoto et Tayo-ura (même province) font
une poterie d'usage domestique.

IDZUMO. — L'Idzumo-yaki est une fabrication
intéressante. Ancienne, de style coréen, c'est une
poterie fine, dure et lourde. Gombéï, élève du
grand céramiste Koraï-Zayemon (de Hagi), vint
ici et contribua à donner à cette spécialité un
grand essor. Au xviiie siècle les ateliers qui étaient
à Rakuzan, encouragés par le prince Matsu-Daïra,
réussirent à la perfection le fac-similé d'œuvres
anciennes. Un habile artisan nommé Han-roku,
parvint dans ce genre à une virtuosité extraordi-
naire : avis aux collectionneurs.

L'industrie a été transférée de nos jours dans
la ville de Matsuyé.

La célèbre île de Tsu-shima eut aussi des potiers. On y a découvert, il y a peu d'années, un four du plus pur type coréen.

Il nous reste à examiner quelques centres isolés, tels que Kutani, Tokio, Soma, Oto-yaki (Tosa), etc., situés dans des provinces lointaines.

Nous rapprochant ensuite du cercle de Kyoto, nous explorerons d'abord les poteries les plus éloignées de cette ville, c'est-à-dire : Tamba, Shidoro, Kosobé et Mito en Setsu, Sakaï en Idzumi, Iganomura dans l'île d'Awaji, Kuwana (Isé), pour nous occuper enfin des fours de l'ancienne capitale elle-même. Nous serons alors parvenus au terme de notre tâche.

CENTRES ISOLÉS

KUTANI. — Droit au nord, versant de la mer du Japon, nous trouvons Kutani.

Kutani-mura est un village reculé dans la montagne, souvent enseveli sous les neiges, et qui fournit une argile plastique rouge foncé. Les fours et ateliers, pour être plus accessibles, s'établirent plus bas, d'abord à Yamashiro-mura, et furent transportés ensuite à Teraï et à Kanazawa.

Au xviie siècle, les seigneurs de Kaga, désireux d'encourager cette industrie, envoyèrent plusieurs de leurs potiers à Karatsu (Hizen) pour y apprendre les finesses du métier. Un de ces princes réussit aussi, vers cette époque, à retenir chez lui un peintre célèbre de l'école de Kano, nommé

Morikagé, qui consentit à se charger de décorer les poteries.

Les plus anciens vases sont sous émail épais gris mat. Quelques-uns présentent le Somet-suké. — Plus tard on introduisit l'ornementation en diverses couleurs, parmi lesquelles un bleu et un vert (de cuivre) d'un très grand éclat.

Au XIVe siècle Kutani, qui jouissait d'une véritable école de décorateurs, commence à recevoir des porcelaines nues, principalement d'Arita, afin de les enrichir de ses peintures, imitées du style chinois; et ce genre d'industrie est encore en pleine prospérité dans la province de Kaga.

Kanazawa produit de nos jours dans un de ses faubourgs (Ohi-machi) l'Ohi-yaki et occupe à cette industrie de nombreuses familles de potiers ayant chacune son four. C'est une sorte de Rakou assez semblable à l'original et qui possède les mêmes qualités, quoique de nuances plus vives, et qui fut implanté vers 1680 par un nommé Cho-zayemon et encouragé par les buveurs de thé depuis lors.

SOMA. — Soma, province d'Iwaki, autre atelier du Nord, mais sur le Pacifique, créé au XVIe siècle,

nous offre une poterie semée de petits grains de
sable vitrifié, de teinte grisâtre. Le décor qu'on
trouve sur ces vases représente presque invaria-
blement un cheval au galop retenu par une longe.
Ce décor héraldique, qui date du xvɪe siècle, est
dû au pinceau du célèbre Shoshin, peintre de
l'école de Kano; sans cesse reproduit, il sert en
quelque sorte de signature à ce genre.

C'est une poterie originale et qui ne manque pas
de saveur.

Dans la province de Musashi qui renferme la
capitale actuelle, Tokio, on trouve :

Les poteries d'Imado, qui ont une spécialité
d'argiles mêlées, rubanées, dont les couleurs
bien tranchées se révèlent sous couverte vitreuse.

Et les fours d'Ota, près Yokohama, fondés par
Suzuki Yasubeï, illustrés par le grand céramiste
Makudzu-Kozan, le premier des potiers du Japon
moderne. On y réussit vers 1860 une copie du
genre Satsuma qui eut grande vogue et inonda
les marchés.

CERCLE DE KYOTO

TAMBA. — Le Tamba (Tamba-yaki) est d'origine très ancienne. On connaît, de cette province, d'abord des pièces cuites dans la terre, à cassure brun-violet (genre Nara); puis des vases tournés, poteries grossières, dures et lourdes, présentant une sorte de vernis naturel (genre Gyogi, viiie siècle); enfin vers 1200 apparaissent les pots à thé, midsuzachi, etc., dénommés Ko-Tamba, pâtes rugueuses aspergées d'émaux primitifs imitant le vieux Sétho. Le centre de fabrication, qui fut à Onomura, a été transporté dans le sud-ouest de la province de Tamba et fournit encore une poterie commune.

SHIDORO. — Le Shidoro émane d'un village

de ce nom, situé sur le Tokaïdo, près de Kanaya
(province de Totomi).

Poterie fort ancienne, qui fut dans les temps
reculés très analogue au Sétho. Sur une argile
rouge, compacte, coule une glaçure épaisse contenant une ocre, ce qui lui donne la couleur rouge-
brun ou brun-jaune. — On fabrique aujourd'hui à
Shidoro des accessoires pour le thé.

KOSOBÉ, en Setsù, est similaire. Cette sorte fut
fort encouragée par le tchajin Kobori au xviie siècle.

SAKAÏ, ville maritime de la province d'Idzumi,
se recommande surtout à une époque ancienne
par la poterie de Minato. Saluons ici la patrie du
grand Gyogi, le saint bonze qui inventa le tour des
potiers. — De nos jours, la production, sur ce
point, a beaucoup diminué.

AWADJI. — Igano-mura, à l'extrême nord de
l'île d'Awadji, qui s'étend en face d'Osaka, se si-
gnale par un jaune d'un éclat particulier qui figure
sur sa porcelaine d'abord, puis sur une faïence
très semblable à l'Awata (Kyoto). Cette couleur

est le produit d'un minerai naturel existant dans
la région. — Mimpeï, d'Igano, s'est illustré dans
ce genre; il imita le style de Ninséï.

BANKO. — Banko de Yédo. Vers 1650 un fabricant nommé Banko, monta des fours dans le
voisinage de Tokio et y fit une sorte de Satsuma
appelé Yédo-Banko.

Banko de Kuwana. — Vers 1840, un porcelainier de Kuwana (Isé), Yiusetsu, y fonda une poterie et signa Banko. Fils d'un marchand de vieux
papiers, il avait découvert la recette du vieux
Banko (Ko-Banko) dans un ancien registre.

Le Banko est un grès à grain très serré, de couleur bistre ou brune, décoré par places d'émaux,
reliefs, médaillons, etc., imitant le goût chinois.

LES FOURS DE KYOTO

Pendant au moins trois siècles, à partir de 1450 environ, l'art de poterie paraît avoir été en pleine faveur à Kyoto et alentours. Née sous Yoshimasa, aux environs de sa somptueuse villa de Higashi-yama, la vogue du thé et des ustensiles idoines s'accrut encore et se maintint pendant tout le Moyen-âge, au point que le travail des fours et des poteries paraît avoir été l'occupation prédominante de cette vaste capitale.

D'abord cantonnés autour de Higashi-yama, de nombreux amateurs y construisent des sortes de moufles où ils cuisent en petit des poteries tendres à émaux friables. De leurs mains encore timides sont ainsi sortis les vieux Kiyomitzu et l'Otowa-yaki (cuisson d'Otowa). Tous ces essais, qui ont

reçu le nom générique de Kyo-saku (travail de
Kyoto), sont bien loin d'approcher, comme soli-
dité, comme grain serré, des poteries d'Iga,
Shigaraki, Sétho, etc., qu'on possédait couramment à cette époque.

On sait la féconde impulsion imprimée par Hideyoshi à l'art céramique de la seconde moitié du
XVIᵉ siècle. Ce Taïkoun magnifique, entouré d'une
véritable cour, résida souvent dans ses palais et
villas de Kyoto et de Fushimi (tout proche). Sa
mort survenue brusquement (1598) engendra une
période de troubles qui se termina d'ailleurs par
l'anéantissement de sa clientèle et de sa race.
Mais dès 1615, sous la main ferme du grand lé-
gislateur Iéyatsu, le calme était rétabli pour n'être
plus que très rarement troublé désormais. Pendant la longue administration de la famille Tokugawa le pays ne cessa d'être gouverné d'une
manière toute paternelle et de jouir d'une paix
profonde.

Entre les années 1615 et 1623, si l'on en croit
les chroniques, la ville entière de Kyoto parait
s'être couverte de poteries. Tout le monde, si l'on
peut ainsi parler, était potier. Aussi la multitude
d'objets et de bibelots empruntés, à cette époque,

à l'Art de Terre a-t-elle reçu le nom universel de
Uchi-yaki, c'est-à-dire poteries cuites à la maison,
home-pottery diraient les Anglais. On voit par là
que les mille travaux qu'entraîne l'industrie céramique faisaient en quelque sorte partie de la vie
journalière et se répétaient presque dans chaque
intérieur. On conviendra que ce fut là une époque
assez originale.

Nous empruntons ce qui suit à un ancien ouvrage, *Description du Yamashiro (province)* :

« Dans toute l'étendue de la ville ce ne sont que
potiers et poteries. On appelle les vases *Uchi-
yaki* parce qu'ils sont effectivement cuits aux
fours établis dans les maisons. On trouve à Kiyo-
midzů, Otowa, Simo-Awata, Midoro, etc., des
ateliers où l'on confectionne tous les produits
selon le goût du public et la mode du jour. A une
époque plus récente on cite les poteries fabriquées par Nin-séï devant le temple de Nin-nadji;
on les appelle Omuro-yaki. Elles portent sur la
pâte des décors de Kano Tanniû et de Yésin. Ces
deux artistes sont les premiers qui aient mis leur
pinceau au service de la céramique. On rencontre
beaucoup de poteries qui reproduisent le style de
ces décors. »

Kyoto, la « Cité de la Paix », comptait alors de 6 à 700.000 habitants. C'était la résidence du mikado, alors que les Shogun, depuis l'année 1598, tenaient leur cour à Tokyo qu'ils avaient fondé.

Les anciennes poteries sont distribuées au nord et à l'est de la ville. C'est Nin-nadji, Mibosatsu, Omuro, Iwakura, Kinkosan, Awata, Midoro, Kiyomidzu et sa colline où se trouve Otowa, Seikandji, etc. Plusieurs ont pris naissance à l'abri d'une pagode, encouragées par les saints bonzes, grands amateurs, comme on sait, du bienheureux breuvage. Et parmi celles-ci distinguons Nin-nadji qui a la gloire d'avoir donné son nom au grand potier Nin-séï.

NIN-SEI

Au sein de cette belle activité céramique, parmi
tant d'artistes et d'amateurs absorbés dans leurs
recherches et penchés sur les fours, il nous semble
que ce nom de Nin-séï sonne joyeusement. Les
pièces qui portent cette signature sont elles-
mêmes pimpantes et toujours bien venues. Il en
subsiste un grand nombre et presque toutes les
collections nous en offrent plusieurs échantillons.

Mais si les œuvres sont notoires, l'auteur lui-
même est imparfaitement connu; on ne possède
que peu de détails sur son compte.

On sait qu'il était noble, de l'illustre famille des
Fuji-wara, et s'appelait Nomura. Plus tard, entré
dans les ordres (secte Zenshô) comme firent
nombre d'hommes éminents, il prend le nom de

Seï-souké, ou Seï-yémon, ou Seï-beï, sans qu'on sache au juste lequel fut bien le sien. Son nom ès-poterie, Nin-séï, est formé de la première lettre de Nin-nadji (c'est l'atelier voisin du temple, où il fit son apprentissage) et de la première partie de son nom bouddhique, ce qui fait Nin-séï. De ce nom il signa très souvent à l'ébauchoir, en pleine pâte, imprimant en surplus l'un des nombreux cachets appelés Sowa-in, ou Bakou-in, ou Shippo-in qui lui avaient été offerts par de grands personnages, ses admirateurs. (Le cachet Shippo-in en particulier fut réservé aux pièces destinées à être présentées à l'impératrice To-fukumonin.)

On nous dit qu'il eut pour maître Chô-hakou, Coréen immigré qui fut le créateur des Oto-yaki, vers Kochi (province de Tosa). — (C'est une poterie décorée d'oiseaux et de sapins dus au pinceau de Moto-nobu).

Quoi qu'il en soit, les premières expériences de Nin-séï eurent lieu à Nin-nadji-mura, dans les fours qui dépendaient du temple. Connues sous le nom de Omoura-yaki, ces poteries marquent la première phase de sa carrière. Ce sont des vases et accessoires pour le thé, le plus souvent à couverte bleue, ornés de décors de l'école de Kano,

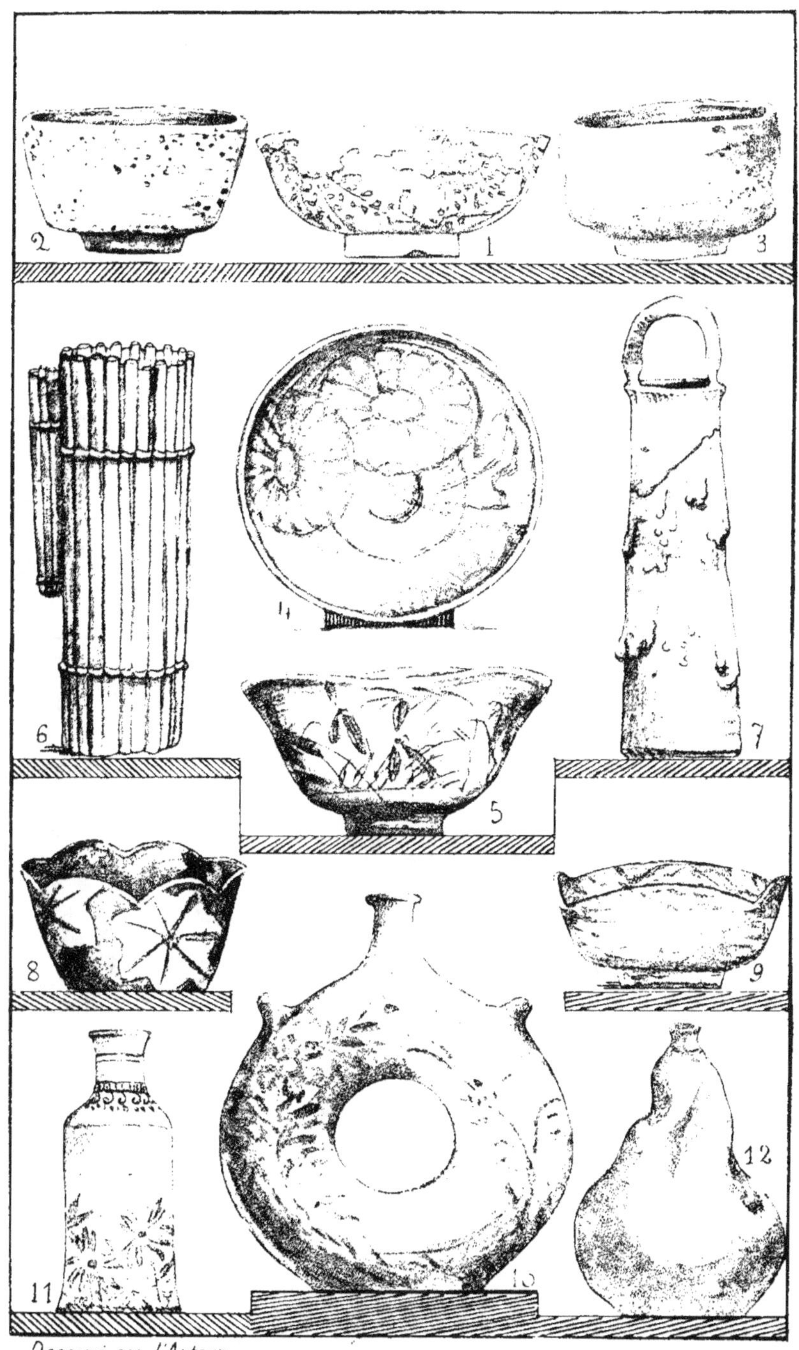

Dessiné par l'Auteur

2. 3. Vases Rakou. — 1. 5. 6. 7. par Nin-sei. — 8. 9. par Kensan. —
10. Kiyomidzu. — 11. 12. Kyoto. — 4. Par Nin-sei.

dont quelques-uns de la main même du grand peintre Tan-niou.

Dans la suite Nin-séï paraît s'être déplacé fréquemment, fondant ou utilisant toute une série de fours autour de Kyoto : à Iwakura, à Heian-jo, Mizoro, Awata, Seikandji, Otowa, etc. Dans chacun de ces établissements l'actif céramiste paraît avoir professé son art et formé des disciples, lesquels poursuivirent sur ces différents points l'œuvre du maître et continuèrent à se servir des cachets d'origine. Le résultat d'une vie aussi laborieuse fut une production immense.

On peut dire que les œuvres originales de Nin-séï, celles qui portent sa signature tracée avec la spatule de bambou (*féra*) se classent parmi les chefs-d'œuvre de l'art céramique. Qu'il emploie une pâte fine et lisse, ou la terre rugueuse, semée de cailloux, de Shigaraki ; — qu'il jette d'une main légère sur ces supports sa couverte bleue, dorée ou fauve, ou qu'il y incise un décor résumé, mais toujours de haut ragoût ; — qu'il ait recours, dans d'autres cas, pour tracer un schéma de fleurs ou de paysage, au pinceau magistral du grand Tanniu, — sous toutes ces formes diverses une céramique de Nin-séï demeure une œuvre raffinée, pétrie de grâce et de bon goût. Incontestablement il fut l'artiste prééminent du moyen âge; et l'on peut dire de lui qu'il traita avec un égal bonheur les œuvres de style élevé et classique aussi bien que les objets du genre le plus simple et presque vulgaires : c'était un génie de ressources très étendues.

On paraît admettre que Nin-séï vécut jusqu'à un âge avancé. C'est entre 1596 et 1647 que l'on place ses années de maturité et de pleine production, ce qui nous paraît un peu excessif. Mais on ne possède aucune autre précision.

Parmi les nombreux élèves formés par Nin-séï il faut distinguer : Kinko-san, d'abord établi à Iwakura-yama, puis retiré à Awata où il mourut; Gen-suké (ou Sin-suké) de Midoro; Kou-yémon d'Awata, etc., ainsi que les potiers de Raku-tô, Raku-hôku, etc., ateliers qu'avait fréquentés Nin-séï. Chacun de ces exécutants usa largement du cachet attaché à son four; et bien qu'il ne faille pas confondre toutes ces productions contemporaines avec les pièces signées par Nin-séï lui-même, elles égalent cependant assez souvent celles du maître. On peut dire que ce fut là une

époque (vers 1650) de magnifique floraison artis-
tique.

Les œuvres de Nin-séï présentent une grande
variété.

On cite des fourneaux, des pots, vases à fleurs,
tasses et ustensiles pour le thé faits sur la demande du haut seigneur Kwansei-Jimya, tantôt
avec le grés de Shigaraki, tantôt avec l'argile
blanche composée. Puis des kogos, des casso-
lettes à couverte dorée ou fauve, des pièces en
forme d'aubergine, ou de coiffure (yéboshi), des
figures grotesques d'oiseaux et autres animaux,
d'autres menus objets encore qualifiés de *babioles*
par les connaisseurs japonais, etc., etc.

On connaît aussi de lui de nombreux vases et
services pour le thé frappés de son cachet. D'une
pâte dure et fine voici une pièce revêtue d'un
émail gris clair, couleur du haricot blanc. Ailleurs,
sur un pot à thé, de couverte analogue, le décor
est polychrome, rehaussé d'or et d'argent. Voici
une tasse à couverte feu, décorée d'herbes et de
fleurs. Une cassolette est de pur style coréen avec
incrustations blanches (mishimadé), et plus loin,
dans une argile sablonneuse et grossière rappe-

lant le Shigaraki, c'est encore une tasse, mais cette fois modelée d'après le type chinois des Temmokou. Un tchaïré a la couleur du petit haricot rouge (adzuki) semée de taches noires.

Une cassolette de teinte terreuse porte à la face extérieure un semis d'or insufflé légèrement en forme de brouillard. Et l'on pourrait encore citer bien d'autres pièces remarquables.

On peut voir par ces quelques exemples, ainsi que par les figures que nous donnons dans l'une de nos planches, quelle était la très grande variété de style du maître dont nous avons tenté d'esquisser le portrait, ainsi que sa prodigieuse fécondité.

KEN-SAN

Un autre potier éminent, Ogata Shinsho, plus connu sous le nom de Ken-san, qui vint après Nin-séï mais s'inspira de son style et travailla comme lui dans les fours de Kyoto, va solliciter notre attention.

Né en 1660 d'une famille cultivée et dans une atmosphère d'art, il était fils de Ogata Munékama et frère du grand Korin, l'illustre laqueur et ciseleur de matières précieuses. Son nom véritable est Shinsho; Ken-san qui signifie : « Resplendissante colline bleue de l'Ouest » n'étant que la désignation de son four. C'est ce nom qu'il adopta pour signer ses poteries.

Le four s'élevait à Narutaki-mura, sur le mont Atago, au nord-ouest du Palais impérial.

Shinsho paraît avoir été très doué. On nous dit qu'un lettré, Shiro-sawa, lui enseigna la poésie. Il ne manqua pas non plus de se faire instruire dans la science du thé, laquelle était en grand honneur dans sa famille. De plus il était peintre habile; il excellait dans le paysage et les fleurs.

Ce fut aussi un grand voyageur. Comme beaucoup de ses contemporains, de goûts très simples et de mœurs frugales, il explora à pied, le pinceau à la main, ces villes grouillantes, ces routes, ces bords de rivières, ces montagnes accidentées, tout le Japon cinématographique des estampes. Comme céramiste il ne manque pas de s'arrêter aux poteries, d'y séjourner le temps nécessaire, cherchant des effets nouveaux dans l'emploi des matériaux très variés qu'il rencontre. Ses voyages, ses « musardises » le conduisirent un jour à Tokio, la nouvelle capitale, où nous le retrouvons dans un âge avancé besognant encore autour des fourneaux de Iri-ya. C'est là qu'il mourut à l'âge respectable de quatre-vingt-deux ans (1742). Belle vie, pensons-nous, de délicat et d'artiste promenant sa fantaisie à travers un monde d'un pittoresque et d'un amusement infini.

Les poteries de Ken-san rappellent celles de

Nin-séï. Il choisira tantôt le grès rugueux de Shigaraki, tantôt la pâte fine et dure de Zensho pour
y verser ses émaux gris, blanchâtres, fauves, feu,
ou de tons bistres et terreux. Il se pourra qu'il y
jette un décor polychrome d'une synthèse char-
mante, ou encore qu'il y incise une branche, une
fleur, un oiseau, enlevés en quelques traits d'une
virtuosité extrême. Ce qui domine ici est le tour
de main, le « Je-ne-sais-quoi », qualité japonaise
par excellence et qu'ils estiment d'essence divine.
De pareilles œuvres, je n'ai pas besoin de le dire,
faisaient la joie des artistes et des buveurs de thé
de son temps. Il y inscrivait souvent une courte
poésie et l'une d'elles est signée Ken-san, « amant
passionné de l'antique ».

Ken-san signe à larges traits, presque toujours
de couleur brune.

Notons en passant, parmi les accessoires de
thé qui portent son cachet, un étui destiné à renfermer la serviette.

POTERIES DITES RAKOU-YAKI

Vers 1520 un Coréen du nom d'Amaya passa
au Japon où il se fit naturaliser. Il vint s'établir à
Kyoto pour y exercer son métier de potier.

Amaya eut un fils, Chojiro, potier également,
que le tchajin Rikyu appela auprès de lui afin de
lui faire exécuter divers travaux. Dans la suite
Rikyu adopta Chojiro, lui conférant son nom de
Tanaka, et le présenta à son tout-puissant maître,
Taïko Hidéyoshi.

Quand celui-ci, peu après, fit élever à Ni-jio,
proche Kyoto, le château de Jiu-Raku, il ne
manqua pas d'y faire construire des fours et ateliers de poterie. Sous la direction de ces hauts
personnages, Tanaka Chojiro eut l'entreprise des
travaux céramiques, — et en 1580 Taïko Hidéyo-

shi lui fit présent d'un cachet d'or massif, portant le signe *Rakou,* qui rappelait le lieu d'origine, mais qui signifie aussi jouissance, plaisir.

Ces poteries, connues depuis sous le nom de vases Raku, sont en effet très estimées des buveurs à cause de la sensation voluptueuse qu'elles procurent quand on les porte à la bouche. Elles ont aussi la propriété de conserver longtemps la chaleur.

Cette *joie* hélas! ne fut pas de longue durée. Bouleversé de fond en comble dans les désordres qui suivirent la mort de Hidéyoshi et l'effondrement de sa race, le château de Jiu-raku fut rasé; et là où s'élevaient ces fours, ce portail, ces palais, ces jardins avec leurs étangs, on ne trouverait plus aujourd'hui que quelques cabanes de paysans éparses parmi des rizières.

La descendance d'Amaya, cependant, ne s'éloigna pas de Kyoto et continua de père en fils la fabrication des Rakou en employant toujours fidèlement les mêmes procédés. La douzième ou treizième génération est actuellement vivante.

Ces poteries sont toutes façonnées à la main. Chaque pièce est soumise isolément, dans une sorte de moufle, à une cuisson intense mais courte.

La grande majorité des produits consiste en tasses
et bols pour le thé, mais on fait aussi des théières,
des cruches à eau, des kogos et quantité de
menus objets.

La caractéristique des Raku, ce qui fait leur
charme, réside dans leur aspect mal équarri, mal
dégrossi, ainsi que dans leur frais coloris. Sur la
terre poreuse, picotée de trous, les émaux noir
intense, bleu crémeux, brique clair, rouge éclatant, rose fané, vert tendre, etc., tranchent vive-
ment. Cette palette gaie est la joie des yeux. Au
milieu d'une vitrine de poterie japonaise, parmi
la gamme des gris rares et délicats, mais un peu
sourds, la note qui chante : c'est le Rakou.

NOTE TECHNIQUE

Nous possédons, sur la fabrication et la cuisson
des Rakou, divers renseignements que nous ju-
geons à propos de donner ici.

Les argiles composant la pâte ont :

Le Shiro-tsuchi (terre blanche) provenant du
Yamashiro (voisinage immédiat).

et l'Aka-tsuchi (terre rouge) riche en oxyde de fer et de cuivre, provenance : Shuraka, Higashi-yama, Maru-yama, etc. (Yamashiro);

le Ki-tsuchi, terre jaune, très employée comme engobe.

Les composants pour la glaçure sont :

Le Sekishi-seki (pierre d'un rouge violet) composé de silice et d'oxyde de fer, provenant de Kamagawa (Yamashiro), et une silice provenant de Hinooka-mura, district d'Uji (même province).

Éléments pour les couleurs : verre plombeux, oxydes de cuivre, de plomb, de fer noir ; graphite, poudre d'or, shirotsuchi, akatsuchi, odo (terre jaune de Shigaraki).

Composition de la pâte : le shiro et l'aka, concassés grossièrement et malaxés, forment une pâte de laquelle on façonne les pièces tantôt à la main, tantôt en se servant du couteau. On emploie aussi des moules en bois, mais le tour est inconnu.

Les objets sont ensuite engobés avec le Ki-tsuchi, délayé en barbotine.

Pour composer la glaçure on broye ensemble finement du Sekishi-seki et de la silice ; on ajoute du verre plombeux pilonné fin.

Cuisson : Les pièces noires sont toujours cuites

isolément. Pour les autres on peut en réunir plusieurs dans un des petits fours ou moufles. Le coup de chaleur, nécessaire à cette poterie, est obtenu au moyen d'un soufflet analogue aux soufflets de forge.

Pour les noirs on chauffe très fort et l'on soutient une demi-heure.

Les autres couleurs sont soumises à un feu moins vif qui dure environ deux heures. L'opérateur peut suivre le feu par un petit trou ménagé dans le couvercle du fourneau.

Dosage pour obtenir les couleurs :

Le noir, ton dominant dans les Raku-yaki, s'obtient comme suit :

Sekishi-séki, 100 (en poids) ; verre plombeux, 80.

Cette composition, additionnée d'une dissolution d'algues marines, pour faire adhérer, est appliquée au moyen d'une brosse.

Rouge : simple engobage avec le Ki-tsuchi (terre jaune).

Blanc : engobage avec la terre blanche (shiro-tsuchi).

Jaune : barbotine très légère de graphite.

Bleu : oxyde de plomb, 100 (en poids) ; silice de Hinooka, 20 ; oxyde de cuivre, 40.

La glaçure s'obtient par le mélange d'oxyde de plomb, 100, et de silice de Hinooka (20 à 25).

AUTRES RAKOU

Le succès des Rakou, leur vogue soutenue firent
surgir des imitations.

Dès le moyen âge nous voyons qu'un laqueur
renommé de Kyoto, Haridzu. enchâsse dans le
laque des poteries du genre Rakou dont il est
l'auteur. Cette industrie se transmit et nous la retrouvons vers 1850 à Asakusa, faubourg de Tokio,
où elle prospéra : c'est l'*Asakusa-raku*.

Le *Tokio-raku* provient également de Tokio,
mais Kozawa Benshi le fabrique sur les bords de
la rivière Sumida.

Le *Ho-raku*, qui prit naissance vers 1820 à Nagoya (Owari est dû à Toyosuké. On rencontre
plus tard le même produit laqué à l'extérieur.

Le Raku d'Osaka, dont le promoteur, Kikko,

est encore vivant, est une poterie plus raffinée et plus délicate que le vrai Rakou; mais qui, pour cette raison même, rencontra moins de faveur.

Enfin Dohachi, très habile céramiste de Goyo-saka, imita tous les genres de Rakou à s'y méprendre (1840), comme il imita d'ailleurs à la perfection le genre de Nin-séï et la manière de Ken-san.

YEIRAKU

Le Yeiraku ou Eiraku est un genre qui provient également de Kyoto, depuis le xvi° siècle entre les mains de la même famille, laquelle a fourni plusieurs artistes remarquables.

L'ancêtre (1550), fabricant de baignoires en terre cuite et constructeur de fours, en éleva un à Nara, appelé Nara-furo. Ses descendants entreprirent petit à petit l'émaillage, passant de Nara à Sakaï, pour revenir ensuite à Kyoto. L'un d'eux, Sozen, déjà réputé, reçut de Kobori (xvii° siècle) un cachet de cuivre pour marquer ses œuvres.

Vers 1800 le chef de la dixième génération, fils de Sozen, s'appelle Zengoro-Riozen : il fut le plus célèbre de tous ces potiers.

Instruit par son père et initié aux secrets de l'art, il imita d'abord avec succès les anciennes céramiques chinoises et japonaises. On possède plusieurs de ces copies qui sont extrêmement réussies. Ces premières poteries de Riozen sont connues sous le nom de *Oniwa-yaki*, c'est-à-dire cuites dans le jardin.

Il s'attaqua ensuite à la porcelaine chinoise portant un décor sur un émail de fond rouge de fer, et la réalisa aussi parfaitement.

A cette époque (1827) le prince de Kii, de la famille Tokugawa, grand admirateur des résultats obtenus par Riozen, lui conféra un titre honorifique avec les insignes d'or et d'argent destinés à lui servir de cachet. L'artiste prit depuis lors le nom de Yeiraku (c'est le nom de l'ère chinoise — 1400, dynastie des Ming — à laquelle remontent les porcelaines qu'il parvint à imiter). Ses œuvres sont dénommées *Yeiraku-Kinrandé*, kinran signifiant l'étoffe de brocard d'or qu'elles rappellent beaucoup.

Riozen mourut à Tokio vers 1855.

La treizième génération de cette célèbre famille de potiers, représentée de nos jours par Zengoro Tokusen, est encore à l'œuvre. Ses procédés de cuisson et de fabrication sont analogues à ceux de Kiyomidzu dont nous allons parler.

AWATA, KIYOMIDZU, GOYOSAKA

C'est vers 1640, sous la féconde influence de
Nin-séï, que la poterie de Kyoto commença à se
développer et prit la forme d'une véritable industrie. Des fours nombreux s'élevèrent, principalement dans la région est et sud-est de la capitale.
Les matières premières abondaient dans le voisinage. Bientôt la production se scinda d'elle-
même en deux branches : Awata, faubourg est de
Kyoto, se spécialisa dans la faïence appelée
Awata-yaki, tandis que Kiyomidzu et Goyosaka,
situés au Sud-Est, monopolisaient la porcelaine
ainsi que divers genres de poteries.

Un potier, Otowaya Korubéï, était venu s'établir vers 1670 à Chawan-gaha, sur les pentes du

Higashi-yama. Plusieurs années après, d'autres potiers se trouvèrent groupés aux environs; et Kiyomidzu et Goyosaka n'eurent pas d'autre origine.

Ils fabriquèrent d'abord une poterie assez grossière, mais, vers 1800, grâce aux efforts des excellents céramistes Do-hachi, Waké Kitéï et Yosobéï, s'inspirant des procédés d'Arita et d'Owari, on vit apparaître la porcelaine dite Sometsuké, et ce genre se développa rapidement.

Les objets de cette époque, de forme très variée et d'un goût charmant, théières, tasses, bols, soucoupes, sont tous entièrement faits à la main et présentent une coloration bleue sous couverte justement estimée. Ces fabriques réussirent aussi très parfaitement les copies des anciens styles chinois, coréens, japonais, Raku, etc.

Les industries d'Awata, Kiyomidzu et Goyosaka ne cessèrent de progresser depuis lors, et de nos jours, tous ces ateliers sont extrêmement prospères.

Awata compte actuellement douze familles de faïenciers. Ils possèdent chacun leur four et continuent à employer, pour la décoration ainsi que pour la composition de la pâte et de la glaçure, les recettes de leurs aïeux.

Goyosaka possède, pour sa part, quinze poteries, et Kiyomidzu six; mais chacune d'elles ne renferme pas moins de six à sept fours, accolés et communiquants. Ces établissements sont également presque tous entre les mains de la descendance des grands potiers du xviie et du xviiie siècle.

Nos renseignements nous permettent de faire suivre ceci d'une étude sur les procédés et matériaux techniques employés dans ces usines.

NOTE TECHNIQUE

AWATA. — Matières premières employées et leurs provenances.

Les argiles sont :

L'ohimaze (composé de silice et d'alumine), provenant d'Uji (Yamashiro) ;

L'Okasaki-tsuchi (même composition), provenant d'Otaki (Yamashiro) ;

Le midzutaré-tsuchi (composé de 9 parties de silice, 1 d'alumine et un peu d'oyde de fer), provenance : Fukakusa-yama (Yamashiro) ;

Le Shigaraki-tsuchi, composé de silice et d'alumine (Omi).

De plus, de l'alumine tirée de la province d'Omi, et de la silice de Hinooka (Uji), ainsi que des provinces de Omi, Owari, Mino, etc.

Il y a cinq espèces de roches qu'on broye, savoir :

Amakusa-ishi (silice 62, alumine 38), provenant de l'ile d'Amakusa (Higo) ;

Hinooka-ishi (silice, chaux, oxyde de fer), provenant de Hinooka (Yamashiro) ;

Kamogawa-ishi (silice, alumine, un peu d'oxyde de fer), provenance Kyoto ;

Seiji-seki (silice et oxyde de cuivre), provenant de Mita (Setsu), sert au céladon ;

Enfin du quartz (contenant de la silice et de l'oxyde de fer).

Glaçures : On compose les glaçures avec : l'ohimazé, midzutaré, Kamogawa, Shigaraki, Odo (terre jaune de Shigaraki), l'Amakusa-ishi, le Chikura-ishi, provenant d'Uji, le Seiji-seki, silice, alumine, quartz.

Les matières colorantes servant à la décoration
sont :

Cendres du Distylium racemosum, du bambou,
du pin, du tabac;

Poudres de cuivre, or, argent. Chlorure d'or,
feuilles d'or ;

Acides nitrique, nitreux, salpêtre;

Chlore, potasse et carbonate, borax, borate de
soude; acétate de plomb;

Oxydes de fer rouge et noir, de cuivre et oxyde
bleu, d'antimoine, de cobalt et cobalt Gosu, de
manganèse;

Plomb, étain, verre plombeux. — Colle d'algues
marines.

Préparation des terres et roches. — Les terres,
d'abord concassées et tamisées finement, sont
ensuite délayées et transvasées, puis battues à
l'état demi-sec et roulées en pains, prêtes à
l'usage.

Les roches sont broyées au pilon et tamisées,
puis réduites en pâte humide.

Composition des pâtes et glaçures : Les mélanges se font au poids pour la pâte et par vo-
lumes pour la glaçure.

Il y a trois sortes de pâtes :

1re Amakusa-ishi 65 et Shigaraki-tsuchi 35;

2e Amakusa-ishi 40, Shigaraki-tsuchi 20, Kairo-me-ishi 20;

3e Amakusa-ishi, 9 kilogrammes; Shigaraki-tsuchi, 6 kilogrammes; cendre du Distylium racemosum, 70 centilitres.

La glaçure forte se compose (en capacité) de : silice 10, cendre 6.

La faible contient : silice 10, cendre 8 à 10.

Pour les Sometsuké on compose :

Glaçure forte : Amakusa-ishi 10, cendre du Distylium 5.

Glaçure faible : Amakusa-ishi 10, argile calcinée 7.

La glaçure noire s'obtient avec : Midzu-taré 6, cendre de bambou 3, cendre de pin 8.

La glaçure rouge-sang : 100 de silice, 60 de poudre de cuivre et 65 de Distylium.

Façonnage, cuisson. — Les petites pièces sont faites sur le tour que l'ouvrier met en mouvement avec la main droite. Pour les grandes, il lance le tour avec le pied et travaille des deux mains. Le rachevage se fait au couteau.

On emploie pour d'autres objets des moules en bois.

La cuisson offre des procédés assez particuliers.

Le four est circulaire, dépourvu en haut de voûte et muni d'un seul foyer. Les fours, groupés généralement au nombre de cinq ou six, sont disposés côte à côte sur un terrain en pente. Ils communiquent ensemble par des orifices rectangulaires. Le dernier vers le haut est muni d'une cheminée. Le premier par le bas étant sacrifié, et les deux plus élevés servant au biscuit, les marchandises de choix, enfermées dans des cazettes, sont empilées dans les fours du milieu. Au moment de cuire, on bouche les hauts avec des briques et du mortier.

La cuisson se fait au bois. Le combustible préféré est le pin, de soixante-quinze à cent cinquante ans d'âge. Le feu dure de douze à quatorze heures et l'on y jette environ 2.500 kilogrammes de ce bois résineux.

Composition des couleurs et émaux. — 1° Noir : oxyde noir de fer.

2° Blanc : alumine 50, ohimaze 35.

3° Jaune-paille : cendre de pin, 1 sho; midzutaré-tsuchi, 1 sho; glaçure forte, 2 sho; oxyde de cuivre. 100 mommé (le sho = 1 litre 71 centilitres et le mommé = 3 grammes 75).

4° Vert : glaçure ordinaire, 3 sho; oxyde de cuivre, 100 mommé.

N. B. — Ces quatre couleurs se comportent très bien au grand feu.

5° Rouge : Verre plombeux 100, acétate de plomb 15, oxyde de fer rouge 25.

6° Vert : Silice 100, oxyde de plomb 100, cuivre calciné 60, carbonate de potasse 40.

7° Autre vert : Borate de soude 100, protoxyde de cuivre 130, salpêtre 150.

8° Jaune-orange : Silice 100, acétate de plomb 145, oxyde d'antimoine 30. argent 3.

9° Blanc laiteux : Silice 100, plomb 80. étain 20, salpêtre 50, chlorate de soude 10.

10° Rose : Verre plombeux 100, acétate de plomb 1, chlorure d'or 2.

11° Bleu-verdâtre : Silice 100, Amakusa-ishi 80. salpêtre 400, borate de soude 400, oxyde de cobalt 100.

12° Noir : Silice 100, borax 100, acétate de plomb 50, protoxyde de manganèse 50, salpêtre 100, midzutaré-tsuchi 25.

13° Brun-rouge : Verre plombeux 100, n° 5 = 50, n° 12 = 5.

14° Gris cendré : Verre plombeux 100, n° 12 = 15, protoxyde de manganèse 5.

15° Vert-jaune : N° 6 = 2, n° 8 = 50.

16° Bleu clair : Verre plombeux 100, oxyde de cuivre 8.

17° Mauve : Verre plombeux 100, oxyde de cobalt 2 et demie.

18° Glaçure céladon : Glaçure de Sometsuké 10, oxyde de fer 3.

19° Même glaçure : Seidji-seki 10, cendre de Distylium 5.

20° Bleu-violet : Sometsuké 10, oxyde de cobalt 4.

21° Même couleur : Sometsuké 100, n° 11 = 100.

22° Vert-blanc : Quartz de Hinooka 100, potasse 50, cendre de tabac 150.

23° Vert (dit Bosan-hari) : Silice 100, salpêtre 15, borate de soude 100.

24° Le verre plombeux peut se composer comme suit :

Silice 100, acétate de plomb 100, carbonate de potasse 80.

KIYOMIDZU ET GOYOSAKA

Dans ces deux centres, dont les procédés sont identiques, on emploie :

Pour les pâtes : Shigaraki-tsuchi, silice, ohimaze, okasaki-tsuchi, midzutaré-tsuchi, Amakusa-ishi, Hinooka-ishi, Sarayama-ishi, Higo-ishi, Ichi-no-muriashi, Kairo-me-ishi, Kametsubo-ishi, Mikawa-ishi.

Pour les glaçures : Amakusa-ishi, Kamogawa-ishi, Shigaraki-ishi, Shirotsuchi de Shigaraki, silice, odo, ohimazé, midzutaré-tsuchi, Chikura-ishi, alumine, Seidji-seki, quartz, Akatsuchi provenant de Daïbutsu-yama.

Pour façonner les cazettes on emploie le Dogutsuchi, sorte d'argile réfractaire.

Les matières colorantes sont :

Cendres du Distylium et de certaines fleurs tinctoriales ;

Chaux, borax, alumine, acétate de plomb.

Or, argent, oxydes de fer, oxydes de cuivre, de cobalt (gosu), sulfate d'antimoine.

Verre pulvérisé, verre plombeux, verre bleu pulvérisé.

To-no-tsuchi (terre de Chine), pâte blanche composée.

Algues marines, pour éviter le décollement des émaux.

On obtient : le rouge avec l'oxyde de fer, le blanc avec l'alumine, le jaune par le sulfate d'antimoine, le vert par l'oxyde de cuivre, le noir par la poudre de fer, le bleu foncé avec le verre bleu pulvérisé, le violet d'une dissolution très faible d'oxyde de cobalt.

Pour obtenir toutes les couleurs précédentes, on ajoute à chacune de ces matières : du cristal pulvérisé et de l'acétate de plomb.

On compose encore :

Violet : manganèse 1, or 1, cristal pilé 5, acétate de plomb 3.

Vert céladon (Seidji) : Amakusa-ishi rouge 10, akatsuchi de Daïbutsuyama 4, cendre du Distylium 10, oxyde de fer 1.

Parvenus au terme de notre étude sur la poterie au Japon, nous pensons en avoir fourni un exposé exact et n'avoir rien omis d'essentiel.

Nous avons consigné quelque part l'opinion des experts nippons actuels, d'après laquelle ce grand

Art national de la poterie, entré en décadence dès le xviie siècle, serait désormais aboli et ne pourrait plus se relever, du moins sous la forme du passé.

Pour ce qui est de la civilisation disparue, nous sommes de leur avis. Et d'ailleurs les sociétés de thé elles-mêmes sont aujourd'hui défuntes.

Mais il faut compter avec un facteur infiniment durable, pensons-nous, et qui ne pourra, quoi qu'on fasse, jamais disparaître tout à fait. Nous voulons parler du don, des aptitudes extraordinaires pour certains arts, pour certaines industries, manifestés de tout temps par l'ingénieux peuple nippon. Comment a-t-on pu penser que cela pouvait s'éteindre? Après une éclipse momentanée, pourquoi de ces îles japonaises ne verrions-nous pas un jour se lever quelque puissant céramiste, quelque artiste génial, un nouveau Toshiro?

Pour nous, nous ne désespérons pas; nous serions les premiers à applaudir à sa venue. C'est sur ce souhait, cordialement exprimé envers une nation que nous mettons très haut, qu'il nous plaît de clore notre travail sur la Poterie au Japon.

NOTES

Note I. — Voici les équivalents de quelques expressions japonaises fréquemment employées en céramique :

Yaki, yakimono signifie poterie, produits *dans le genre de...*

Shaki = grès ; *hibi-yaki* = craquelé ; *ishi-yaki* (poterie de pierre) désigne un grès de composition, blanc, épuré que nous appellerions pseudo-porcelaine.

Seiji = céladon ; *shiro-koraï* est le blanc de Corée.

Somet-suké = décor de cobalt sur cru, sous couverte. *Gosu* est le cobalt de Chine.

Kawarakés sont les vases de terre non émaillés provenant de la province de Setsu.

Kara-mono, poteries chinoises (faites au Japon avec matériaux chinois).

To-Temmoku, tasse à thé chinoise.

Samé-yaki, grès gris imitant la peau de requin. Un autre genre est dit imiter la peau d'un poisson.

14.

Ko-sétho-hiotan (gourde en vieux Sétho), porcelaine forme gourde ;

Ki-sétho = séto jaune.

Les Japonais distinguent encore en poterie, parmi beaucoup d'autres, les genres suivants :

Hakémé, qui signifie lignes d'émail tracées par la brosse.

Oni, qui signifie diable ; ce nom sert à caractériser la rudesse sauvage de certaines poteries. Les *Oni-Hagi* (localité), c'est-à-dire Hagi du Diable, sont des vases puissamment craquelés, fendillés et piquetés de trous.

Un autre genre (portant également un nom japonais) désigne un émail profondément ridé et cassé.

Mishima est la poterie grise incrustée d'émaux striés blancs ou noirs.

Le genre *Kougi-hori* signifie gravé au clou (ornements en spirale rudement incisés).

Sunadé est le sablé ; *ama-mori*, l'émail imitant les taches de la pluie.

Onitachi-bana désigne les pièces ayant l'aspect rugueux d'un citron rongé par les vers.

Certains Bizen, d'un grès foncé, imitent le fer rouillé ; et une autre poterie les objets recouverts d'un dépôt calcaire à la suite d'un séjour prolongé au fond de la mer.

Note II. — Voici quelques nuances d'émaux, d'après les désignations japonaises :

Couleur de lentille, nuance de nèfle claire, taches couleur de kaki. Couleur de thé (grisâtre mat);

Shibu-kami (couleur rouge-brun); nuance châtain-rouge;

Couleur du haricot blanc (blanchâtre) nuancé d'un gris clair;

Vernis couleur de l'*adzuki* (petit haricot rouge);

Couleur du plumage du héron (rouge et blanc);

Toki-iro, couleur de l'ibis. gris blanchâtre clair.

Le *nézumi-iro* est l'émail blanc opaque; *midzu-gusuri* est le vernis vitreux.

Un décor de Nin-séï est traduit par les mots : « un semis d'or en forme de brouillard », etc., etc.

Note III. — Les lettres employées pour figurer les mots japonais devront se prononcer de la manière suivante :

A se prononce comme dans *papa*.

E se prononce toujours comme s'il était surmonté d'un accent aigu.

I a la même prononciation que dans *ami*.

O se prononce comme *o* en français; surmonté d'un trait horizontal, il se prononce ô.

U se prononce comme *ou*; l'*u* surmonté du signe ◡ doit être à peine prononcé. Ainsi le mot *mudzukashii* (difficile) se prononce comme si l'on avait écrit : *mou-d̃kashii*.

Ch se prononce *tch* comme dans *Tchernaïa*.

G est toujours dur : par exemple le mot *tsukegi* (allumette) doit se prononcer comme s'il était écrit : *tskégui*.

Z se prononce *d̃*.

Les autres lettres se prononcent généralement comme en français.

NOTE IV. — Bibliographie (références).

En japonais :

Tiya-kiogo-kan, recueil sur la préparation du thé.
Cha-jin-keifu, ouvrage sur la préparation du thé.
Cha-do-senseï, traité de la préparation du thé.
Ben-koku-shiu, notice sur les ustensiles du thé.
Gako-benran, manuel des peintres.
Shoga-benran, manuel de l'écriture et de la peinture.
Yo-kwan-shiki, ouvrage d'histoire.
Yo-jin-fushi, description de la province de Yamashiro.
Shuko-̃uyé, par Teï-san, archéologue (1798), contient de nombreux dessins de vases anciens.

En français :

Histoire du King-te-chin, de Stanislas Julien, Paris, 1856.

Gazette des Beaux-Arts, 1877, article de M. Billequin concernant la poterie coréenne.

Poterie et porcelaine au Japon, trois conférences de Ph. Burty, Paris 1885.

Le Japon à l'Exposition Universelle de 1878 à Paris, compte rendu officiel.

Kwan-ko-zu-setzu, traité des poteries, par Ninagawa Noritané, de Tokio, traduction française.

Catalogues illustrés des ventes Goncourt, Burty, Gillot, Barbouteau, Brenot, Hayashi, etc., etc.

Ouvrage manuscrit en français concernant la poterie japonaise, composé au Japon (1875), sans nom d'auteur, contenant des notes et de nombreux dessins à la plume (appartient à l'auteur).

En anglais :

B.-H. Chamberlain, *Handbook for Japan* (1903), *Things japanese*.

A.-W. Franks, *Catalogues and Reports*.

Catalogue of the Morse collection of japanese Pottery. Boston (U. S.)

Transactions of the Asiatic Society of Japan, passim. Etc., etc.

L'ART DE LA POTERIE
EN FRANCE

L'ART DE LA POTERIE
EN FRANCE

Nous venons de voir qu'au Japon, non pas sur
un point seulement mais sur cent, l'Art de Terre
jaillit et s'alimente des ressources mêmes du sol
et des éléments primaires les plus simples. Devant
cette genèse uniforme et en présence des résultats
d'art intense — autant d'arguments victorieux —
issus de cette manière de procéder il nous paraît
désormais établi que le germe de toute céramique
viable réside, pour chaque région en particulier,
dans l'élaboration de ses richesses géologiques.

Il pourra, il est vrai, à ces éléments s'en ajouter
d'autres pris ailleurs, par exemple certaines roches et minerais, ou encore des laves et autres
résidus qui sont autant de frittes à haute tempé-
rature provenant des éruptions et convulsions
thermiques de jadis; mais ces composants, par-

fois fort utiles au céramiste, devront toujours être de nature analogue aux précédents et de la même famille.

Nous allons plus loin. Nous prétendons que cette base constante, ces solides assises naturelles non seulement commandent le principe de toutes les compositions céramiques, mais encore qu'elles apportent avec elles la clef du goût en matière de poterie. L'artiste devra tendre à s'en rapprocher sans cesse dans ses nuances, ses formes, ses matières, et ce faisant il s'écartera sans effort, sans même y penser, des dangereuses nouveautés du jour : oxydes métalliques inédits, colorants excessifs, nuances acides et criardes, etc., pour demeurer fidèle aux qualités de tenue, d'harmonie, de belle et noble simplicité — qui sont de l'art éternel.

Ainsi donc dans son origine, dans son essence même, dans ses tendances variées, voilà cet art spécial de la Poterie bien nettement délimité et bien défini; toute autre voie que celle que nous indiquons nous paraît mauvaise et ne pourrait conduire qu'à l'artificiel.

Cela posé, nous n'avons plus qu'à appliquer chez nous, aidés de nos dons naturels, ces saines méthodes pour faire surgir de notre sol, comme d'autres l'ont fait, un art indigène original. La France dont le sous-sol a été soigneusement exploré et est parfaitement connu nous présente en abondance des matériaux et des points utilisables : il n'y a ici que l'embarras du choix.

LA PUISAYE — CARRIÈS

Nous allons maintenant aborder la Puisaye.

Débarqués à Cosne (Nièvre), nous avons pris un petit train local qui, après s'être élevé graduellement jusque sur le vaste plateau d'Alligny, va pénétrer dans une campagne verdoyante formée d'herbages et de douces collines où des poteries commencent à apparaître entre les arbres avec leur courtil encombré de cruches et de saloirs, — et par place un four en feu couronné de son panache de fumée noire : c'est la Puisaye.

Cette contrée possède, en outre de gisements et minerais très variés, une terre à grès de qualité exceptionnelle ainsi que de nombreuses poteries rustiques en pleine activité. Elle nous offre ainsi, pour l'étude que nous nous propo-

sons, un bon type normal de région potière française.

Mais si nous avons choisi la Puisaye, nous ne
prétendons pas dire que ce soit le seul pays où
l'ouvrage du céramiste puisse s'exercer. Il est
bien entendu que sur beaucoup d'autres points,
même de ceux qui n'ont pas le grès, la mise en
pratique des méthodes que nous recommandons
pourra produire des œuvres d'art dignes de ce
nom et même des chefs-d'œuvre. Un jour, dans
l'avenir, nous ne savons pas quand, sur l'un quelconque de ces points un artiste pourra toujours
surgir, sorte d'âme investigatrice et inquiète,
curieuse de modes et de matières, qui saura utiliser, transformer, découvrir, créer.

Ainsi donc plus d'un enseignement, plus d'un
trait parmi ceux que nous allons présenter pourra
s'appliquer aussi bien à toute autre région à la
condition qu'elle soit suffisamment dotée d'éléments céramiques.

Si nous nous attachons à la Puisaye, si nous en
traçons ici un tableau détaillé, c'est d'abord parce
que nous la connaissons bien; c'est aussi, nous
l'avons dit, parce qu'elle offre des matériaux de

travail de premier ordre ; mais c'est encore pour autre chose.

Nous ne saurions oublier que c'est ici, au fond de cette campagne reculée, que notre regretté Carriès[1] vint se terrer quand il eut décidé d'entreprendre ses grands travaux céramiques.

Il y débarque un beau jour (au printemps de 1888). léger d'argent et de science, mais résolu, tenace et, d'ailleurs, très préparé par ses recherches d'art antérieures. En l'espace de quelques mois, sans autre apprentissage, il réussit à s'improviser potier. Il interroge l'un et l'autre, il écoute, il observe, il cherche, il bat le pays. On le voit ramasser des cailloux sur les routes, broyer des scories de four, délayer et tamiser marnes et terres, et presque tout de suite ses premiers essais sortis du four, ont figure de quelque chose : exemple unique qui dénote, avec un rare bonheur, des facultés d'intuition extraordinaires.

Après de brefs retours à Paris, il s'installe bientôt définitivement en Puisaye et s'attelle courageusement à son ingrate besogne. Pendant ces trop courtes années (il meurt en 1894), tou-

1. « Défunt M. Carriès », comme disent les potiers.

jours en recherches et en mouvement, on le rencontre promenant sa rêverie inquiète, partageant sa fièvre entre l'atelier de Saint-Amand et le four de Montriveau [1].

Le passage d'un tel homme, la présence d'un foyer aussi intense de sensibilité et d'énergie créatrice laisse toujours un sillage profond. J'affirme que, à l'heure qu'il est, par tout ce pays de la Puisaye, — non pas, si l'on veut, aux yeux d'un observateur superficiel, mais pour celui qui sait voir et scruter l'âme — le culte de Carriès a subsisté, a grandi. Ceux qui l'ont connu, ceux qui ont approché sa personnalité à la fois tourmentée et exquise, sont encore pleins de son souvenir et, s'ils en parlent, c'est avec une sorte de respect. Un peu partout on a conservé la mémoire du grand disparu. Ses moindres œuvres disséminées souvent dans les chaumières du pays ont été recherchées avec avidité.

Et que, dans des demeures aisées, dans des châteaux, des propriétaires avertis aient collectionné, autant qu'ils en ont pu trouver, des œuvres

1. Nous renvoyons le lecteur, pour plus amples détails, à la *Vie de Jean Carriès* par Arsène Alexandre, monographie écrite avec un art suprême, avec une émotion profonde.

du grand potier, cela n'a rien que de tout à fait
normal. Mais nous connaissons autre chose et
voici qui est mieux.

En pleine Puisaye, au fond de la plus humble
des cures de village, tout autour d'une pièce modeste et rangés sur des rayons de bois blanc, une
main pieuse a réuni des grès de Carriès. Ces poteries ne sont pas toutes intactes. Recueillies
pour la plupart chez les paysans, elles sont souvent écornées; et d'autres, trouvées en mor-
ceaux, ont été réassemblées et recollées avec
des soins délicats et touchants.

Mais groupés ainsi tous ensemble : ces gourdes,
ces masques pensifs ou grimaçants, ces gre-
nouilles, ce bébé qui sommeille, etc., illuminent
en quelque sorte la cellule étroite où ils sont ras-
semblés et rayonnent d'une sublime beauté. Nous
devions cet hommage en passant au conservateur, au sauveur diligent et, d'ailleurs, profondément désintéressé de ces œuvres exquises.

On voit par ces exemples (et nous pourrions
en donner d'autres) combien le souvenir de
Carriès est encore vivace dans ce pays de Puisaye et quelle pieuse admiration a recueilli ses
moindres reliques.

LA TERRE A POT (PUISAYE)

« Je suis ici pour la terre : voilà tout. » — « La pâte y est bonne. » — « La matière première c'est tout, presque tout. », etc. Telles sont les expressions mêmes de Carriès, d'après sa correspondance, parlant de la terre de la Puisaye, dont la sorte optima est connue sous le nom de terre noire des Gatines.

On peut se fier en toute assurance à l'appréciation de ce bon ouvrier : ce n'est qu'après l'avoir soumise à des exigences multiples qu'il lui délivre ce brevet de bonne qualité. Nous-même, après lui et beaucoup d'autres, attestons que cette matière plastique est, en effet, excellente. Nous la voyons même devenir, simplement additionnée de terre de Randonnay (50 % en poids) et de sable de Decize (45 %), la terre à grès type em-

ployée par les manufactures de céramique officielle.

On a calculé que la boulette de forme allongée
qui s'étend sous la Puisaye (à peu de profondeur
et affleurant même dans beaucoup d'endroits) est
longue de 60 kilomètres sur une épaisseur
moyenne de 80 à 100 mètres : voilà qui constitue
une mine de matière première à peu près inépuisable.

La terre des Gâtines s'emploie simplement dé-
layée, puis tamisée en calebasse au tamis de 120.
Pour le modelage, elle ne demande aucune pré-
caution particulière, si ce n'est que nous recommandons de toujours bien serrer et tasser la terre
pendant le travail. Le séchage lent et à l'ombre
doit être préféré. — Le retrait après cuisson est
de 13 à 14 % (Carriès [correspondance] pré-
voyait 13 %). Si l'on veut obvier au gauchisse-
ment et diminuer ce retrait, on introduira dans la
terre de 20 à 25 % de ciment, c'est-à-dire la même
terre dégourdie et broyée en poudre.

On peut aussi, en la mêlant avec moitié de son
poids de terre dure de Limoges, en composer une
pâte plus blanche, sorte de simili-porcelaine, qui,
réduite à l'état de barbotine, se prête parfaite-

ment à l'opération du coulage et possède la finesse d'une cire. Ce genre de travail est exposé avec le plus grand détail dans les manuels de céramique, c'est pourquoi nous nous contentons d'y renvoyer le lecteur. Disons seulement que ce procédé du coulage dispense d'avoir recours à un tourneur et à son matériel, et il faut bien ajouter que, l'apprentissage du métier de potier étant en défaveur, il est de plus en plus difficile aujourd'hui de se procurer un bon tourneur. — Enfin, l'introduction dans la pâte d'un coefficient de porcelaine permet plus d'étendue et de richesse dans la gamme des émaux : on reproduit ainsi à peu près l'ishi-yaki (grès de pierre) des Japonais.

Outre la terre des Gatines, la région de Saint-Amand en fournit encore beaucoup d'autres : terre blanche, terre à briques, marnes, ocres, des pierres ferreuses et des minerais de fer de toute sorte, reliquats des industries métallurgiques qui furent ici florissantes dans l'antiquité.

Toutes ces matières pourront susciter des idées, des essais de pâte, d'émaillage, d'engobe de cuisson et devront occuper pendant longtemps l'activité et la sagacité du chercheur; nous en recommandons chaudement une étude méthodique.

LES ÉMAUX

Carriès procédait à ses compositions d'émaux sans aucune méthode; il dosait au jugé, d'instinct. Et s'il tenait registre de ses combinaisons et de ses recettes, on sait qu'il avait de la peine à s'y retrouver lui-même.

L'utilisation des engobes, des laitiers, des minerais, des cendres existait bien avant lui, cela est certain et chaque jour nous en apporte une preuve nouvelle. Il n'y a, d'ailleurs, qu'à étudier des points du territoire où Carriès, ni même son nom, ne pénétrèrent jamais, localités que nous avons pris la peine de visiter, telles que Noron, Le Tronquay, Henrichemont. les poteries d'Uzès et beaucoup d'autres encore. pour constater que l'artifice des enduits naturels destinés à masquer la terre était en pratique depuis bien longtemps déjà et presque partout. Les éléments de la poterie que notre artiste rêvait de réaliser existaient donc en abondance.

Mais ce qu'on a ajouté, et on a eu raison de le dire, c'est que, en céramique, c'est l'homme qui fait tout, non la recette. Le feu même n'est pas, à notre avis, un facteur si absolument maître. Car s'il refuse de traduire du premier coup la pensée de l'auteur, il faudra bien qu'il lui obéisse quelque jour, bientôt même, après encore un peu de temps, de retouches et de nouveaux essais.

Ainsi donc, dans l'art qui nous occupe, tant vaut la personnalité de l'opérateur tant vaut l'œuvre. — Un goût rare, l'appétit de sensations, de voluptés nouvelles qui porte à créer formes et matières, de la naïveté et de la simplicité aussi, « un peu de bêtise », disait Carriès, beaucoup de don de mémoire, d'observation et de critique pour ce qui est du détail technique, de l'amélioration des procédés, de l'acquisition du tour de main, — et avec cela de la fantaisie, du *je ne sais quoi*, telles sont, avec beaucoup d'autres, les qualités requises pour faire un bon potier. La poterie, répétons-le, est un art, non une science.

Il n'y avait aucun inconvénient, après cela, à publier les formules de Carriès, que l'on possédait en dehors de lui et réunies sous une forme méthodique, et c'est ce qui a été fait [1].

Ces compositions s'appuient presque exclusivement sur les éléments naturels et elles nous paraissent de tout point excellentes. Mais il ne s'ensuit nullement, à notre avis, que ces formules constituent un bloc intangible. Soit qu'on combine autrement ces mêmes matériaux, soit qu'on ait recours, en travaillant dans le même esprit, à d'autres matières (et nous en connaissons plus d'une) qui restèrent insoupçonnées de Carriès et de ses collaborateurs, nous pensons qu'il ne manque pas de voies qui peuvent offrir chacune le point de départ d'une céramique personnelle, originale et susceptible des plus magnifiques développements.

Après nous d'autres découvertes, d'autres méthodes surgiront : cela n'est pas douteux. Il y a mille manières de doser, de mettre en contact les

1. Voir pour le détail de ces compositions, dans le numéro d'octobre 1910 du journal *Art et Décoration*, un article très explicite signé L. Auclair, préparateur de J. Carriès de 1891 à 1893.

éléments naturels et d'en tirer des effets im-
prévus. Et si l'on veut notre pensée tout entière,
l'ouvrage du bon ouvrier que fut Carriès, pour ce
qui est de l'élaboration des matériaux céramiques,
ne nous apparaît nullement, ainsi qu'on a paru le
prétendre, comme un aboutissement, comme un
terme : nous voyons en lui bien plutôt un commencement, une aurore.

Rendons-lui justice et un hommage mérité : il a
ouvert la voie. Il a su revêtir d'une magie d'art des
matières naïves, simples et grossières et son
coup d'essai fut un coup de maître. Mais d'autres
après lui pourront bien faire aussi et l'art n'a pas
qu'une formule unique.

Et puisque nous en sommes au chapitre des
éloges, n'oublions pas, s'il vous plaît, les Japonais. Sans eux, sans les petites merveilles qui
commencent à se répandre de 1875 à 1885 et qui,
tombant au milieu de notre goût blasé, l'étonnent
d'abord et bientôt l'enthousiasment, puis l'excitent,
le piquent, qui donc eût jamais pensé à se faire
potier ?

II

Les émaux pratiqués par Carriès paraissent avoir été de trois sortes :

Ceux du premier groupe, intitulés *cendres*, contiennent en effet tous de la cendre de bois, à l'imitation, nous dit-on, des Japonais. Mais est-il bien certain que cette cendre (soude et potasse), composé alcalin que nous avons toujours considéré comme un simple agent de fusibilité se dissolvant tout entier au feu, ait pu contribuer à produire ces gris-blancs atténués si doux à l'œil et au toucher ? Ne serait-ce pas plutôt le kaolin (ces formules en contiennent toutes une quantité appréciable) demeuré en suspension dans le flux vitreux ?

Quoi qu'il en soit, la cendre, nous l'avons vu, ne figure au Japon que comme fondant, et la preuve c'est qu'elle est surtout employée dans les glaçures et couvertes incolores ou très légèrement teintées de la faïence d'Awata et de Satsuma et

de la porcelaine d'Arita, Séto et Kiyomitzu. La
recette des blancs et des gris veloutés, gras et
mats des anciennes poteries coréennes et japonaises ne nous est pas connue d'une façon absolument certaine, et jusqu'à preuve du contraire
nous ne croyons pas que ces enduits précieux
aient été produits par la cendre.

Ces émaux-cendre de la première série comprennent quatre blancs, lesquels deviennent : un
vert (par l'emploi du carbonate de cuivre) et divers
bruns et bruns rouges par l'introduction de terres
à briques, laitiers, etc., c'est-à-dire de frittes à
base d'oxyde de fer.

Une seconde série de neuf émaux nous offre des
engobes colorés obtenus avec des bases ferreuses
ou du chromate de baryte associés à la terre de
Saint-Amand, mais sans l'usage de la cendre. Les
tonalités obtenues vont du rose, jaune, brique
clair au rouge-violacé, rouille, vert tacheté de
roux. Il y a là une gamme très variée et fort intéressante pour le céramiste.

La troisième série comprend les *cires*. Ce sont
des émaux présentant une surface mate et lisse,
un beau poli, mais qui peut paraître parfois un peu
artificiel. Pour notre goût nous trouvons ces

émaux un tant soit peu monotones de grain, d'épiderme, sinon de coloration. Ils sont composés à
peu près des mêmes éléments; on voit reparaître
la cendre. L'opérateur conseille de les amalgamer
avec environ poids égal de la même composition
préalablement frittée : c'est une excellente recom-
mandation. Les oxydes d'urane et de titane, le
rutile, etc., sont ici employés et contribuent à
ajouter à la gamme précédemment obtenue des
jaunes-orange, des bruns-rouges, un brun pour-
pré à reflets bleuâtres, un jaune-ivoire, etc.

On se rappellera que tous ces émaux peuvent
s'appliquer sur une terre composée, additionnée
de pâte de porcelaine, ce qui modifie naturellement les colorations et les avive. Tels sont en
très résumé les émaux dont se servait Carriès.

Remarquons en passant qu'il avait écarté le bleu
de sa palette céramique. Pour nous, c'est là une
exclusion que nous ne commettrons pas. Nous
aimons le bleu, non pas tous les bleus, cela est
sûr, mais certains bleus gris, atténués, nués,
chantants. La sensation apportée à notre rétine
par cette nuance primaire nous agrée; nous la
sollicitons même dans certaines harmonies; elle
est indispensable parfois à l'équilibre des valeurs.

Je n'ai pas besoin de rappeler que les peuples
orientaux, dont la vision passe pour très délicate,
ont tous cultivé le bleu. En 954 l'Empereur de la
Chine, humblement sollicité de fournir une indi-
cation pourla couleur qu'il convenait de donner
à la porcelaine impériale, répondit qu'il la désirait
« bleue comme le ciel lorsqu'il apparaît entre deux
nuages après la pluie ».

III

Depuis Carriès il a été fait d'autres choses.
Sans qu'il soit nécessaire de nommer personne,
nous tenons à dire que plusieurs artistes, dans ce
domaine de la poterie, ont fait preuve d'une réelle
originalité, c'est-à-dire de recherches et de
réussites personnelles. Nous le répétons, il n'y a
qu'à travailler, qu'à persévérer dans la voie des
découvertes naturelles : là est l'avenir et ce qu'il
renferme de précieux inconnu.

Les travaux méritoires réalisés dans ces der-
nières années sont encore bien trop voisins de

nous (nous entendons à la fois dans le temps et dans l'espace) pour qu'il nous plaise d'en parler dès maintenant avec détail. Déflorer ou critiquer une œuvre encore en élaboration, révéler des secrets (si tant est d'ailleurs que nous en connaissions) nous paraîtrait plus que de l'indiscrétion et d'ailleurs cela pourrait nuire : nous ne le ferons pas.

Qu'il nous suffise simplement, en terminant ce chapitre sur les modernes, de convier le public à continuer ses suffrages et ses encouragements, dans les Expositions, dans les musées, aux bonnes œuvres des bons ouvriers, — et à saluer les efforts d'une petite famille de chercheurs, d'artistes qui poursuivent actuellement leur rêve avec la foi et le désintéressement de précurseurs.

FEU

Nous attachons l'importance qu'elle mérite à la
cuisson, c'est entendu. Mais en aucun cas nous
n'attendons du feu ce que nous n'avons pas voulu
lui faire dire. Nous ne lui demandons qu'une
réponse voisine de nos prévisions. Nos combinaisons étant réfléchies, équilibrées, basées sur nos
expériences, devront se réaliser quelque jour :
c'est là tout ce que nous requérons du feu.

Pour obtenir ce résultat une cuisson douce,
sans à-coup, à chaleur homogène et concentrée,
dans un four bien *fourré*, sans vides, sans étouf-
fement non plus, est désirable. Nous conseillons
au céramiste d'étudier longuement chaque com-
partiment de son four, pour arriver à en jouer
comme un virtuose joue de son pleyel.

On rencontre à Saint-Amand un ou deux fours droits, mais le type répandu, ancestral, est le four couché à axe de tirage oblique. Dans ces fours on dresse vers le milieu, à l'aide de plaques spéciales, dures et rigides, une grille ou chapelle présentant une série de cases ou cellules superposées, et c'est là qu'on enfourne les objets de valeur qui se trouvent ainsi en contact avec la flamme. (On enferme aussi quelquefois dans des marchandises non vernissées à l'intérieur.)

La base de la pile atteint 1.250 degrés environ ; le milieu, qui est la meilleure place du four, 1.300, et le haut va à 1.350. — Ailleurs, à la sortie du four, on trouverait 1.180 degrés et dans la chambre à dégourdir, s'il en existe une, 800. Telle est l'échelle fort étendue des températures que le céramiste peut utiliser dans ces fours.

Cependant, s'il faut tout dire, convenons que nous touchons, à propos de la cuisson, à une question sérieuse. Le plus souvent l'artiste, à moins d'endosser de gros frais et le risque de difficultés sans nombre, ne pourra cuire lui-même ses poteries : il ne possède pas de four. Pour cet acte final, couronnement de ses efforts — et de tous ses espoirs — il devra avoir recours à autrui : il est tributaire des potiers locaux.

Il advient ainsi que la partie la plus délicate, la plus *chatouilleuse* (c'est un mot de pays) de son œuvre va se trouver confiée à des intermédiaires parfois quelconques et abandonnée entre des mains étrangères. Cela est grave.

Que de fois cette œuvre élaborée, fouillée, longuement reprise dans sa forme et dans sa matière, l'avons-nous vue partir ainsi nous-même, enlevée à nos doigts qui la caressaient encore, et emportée vers le trou noir ! Nous la suivions longtemps des yeux. Et que de fois aussi, le moment du défournement venu, avons-nous retrouvé nos pauvres poteries victimes d'accidents divers, le plus souvent imputables au feu, cela est certain, mais qui n'étaient peut-être pas toujours son ouvrage.

Heureux, trois fois heureux le céramiste qui réussira à échapper à tous ces hasards : c'est que le Génie du feu le protège. Il n'aura pas trop de cette divinité tutélaire, laquelle fut toujours si présente à l'esprit des Orientaux, pour l'aider à conjurer la malignité d'un élément aussi fantasque que le Feu.

DE LA FORME

Nous abordons ici une question subtile. Parler
du choix, de la prédilection de certaines formes ou
de leur création dans le cerveau, c'est toucher
chez un artiste à une fibre mystérieuse. Aussi
nous garderons-nous d'émettre en cette matière
le moindre conseil ou de tenter aucune classification.

Chacun poursuivra la chimère que son imagination, que son génie familier lui suggèrera. L'un
verra colossal, l'autre tout petit, et il y a des
œuvres maîtresses dans les deux genres : il y a
des netzukés et des cathédrales. La forme ainsi
conçue sera bonne ou sera mauvaise : voilà tout.
Il n'y a pas d'autre règle.

Mais si rien n'est plus difficile à analyser que la

genèse de la forme, rien n'est plus susceptible, plus délicat que sa réalisation. Un rien l'encanaille, comme un rien peut l'ennoblir et l'embellir jusqu'à la rendre immortelle. La ligne ainsi poursuivie n'est peut-être que la synthèse de la beauté entrevue, éternellement fuyante. Le canon de forme, personnel à chacun de nous, constitue notre style; c'est en quelque sorte notre image : c'est nous-même.

Dans le but de préciser cette forme, de la serrer de plus près, on a affiné les matières. En céramique tous les efforts ont tendu à épurer pâtes et enduits. Ceci fut le triomphe de nos laboratoires officiels, de nos King-te-chin, — et il ne nous est permis que d'admirer.

Pourtant, dans notre sphère modeste, si nous consultons nos tendances, nos affinités, nous sommes bien obligés d'avouer que cette orientation n'est pas tout à fait celle que nous eussions choisie. On a trop poli, trop lissé, trop roulotté, trop léché, trop embelli, trop doré. Formes, contours, pâtes, poudres, couleurs, tout a été perfectionné, épuré à l'excès.

Et l'on ne voit plus bien. Ces grès savants, ces porcelaines, ces émaux givrés ou autres, qu'est-ce

au juste que tout cela ? De quelle matière, de quel
règne est-ce issu? On ne le saisit pas. Tant de
science, tant d'artifice apporte un peu de gêne,
une sorte de malaise. Et l'on se prend à penser :
« Si nous retournions tout simplement à la nature,
à la bonne nature naturelle », comme disait notre
grand Michelet.

Voici un vieux Shigaraki. Certes la substance
de son émail est raffinée; son coloris rare, sa fine
craquelure, sa matité, tout cela est compliqué,
civilisé, tout cela est exquis.

Mais voyez l'argile, le support qui transparaît
par place et qui même — ici — est à nu. Est-il
assez raboteux, rocailleux! Et pourtant, combien
cette rudesse nous agrée! Le voilà l'Art. C'est dans
ce rapprochement, dans cette antithèse que
réside toute la volupté, tout le précieux de la
poterie, tout le divin.

Bien loin d'épurer sans cesse la matière, que
n'a-t-on fait parfois le contraire? Et quels effets
pittoresques on en pourrait ainsi tirer. Et ceci est
encore une voie féconde que nous signalons aux
céramistes.

Et d'ailleurs une matière plus fruste comman-
derait des formes renouvelées. Nous conseillons

17.

de s'affranchir autant qu'on pourra du tour et du tournasin, ce blaireau de la poterie. Qu'on ose préférer le façonnage entièrement à la main, un travail un peu gauche qui laisse voir l'empreinte du doigt ou de l'outil, la taille du couteau, le lissage mais où il en faut : l'œuvre deviendra ainsi bien plus personnelle et plus voulue ; la forme, jaillie de la recherche, de l'effort, prendra un tout autre caractère.

CONCLUSION

Apprécier en connaisseur une belle poterie, savourer son aspect à la fois barbare et raffiné et, tout en se rinçant l'œil, promener sur la matière qui s'échauffe doucement la caresse d'une main voluptueuse : voilà une jouissance que peu de personnes songent à se procurer.

Mais cela seul, la rareté de ce plaisir, ne devrait-il pas suffire pour rendre tout le monde amateur de poterie ?

Car enfin, si nous allons nous refuser l'agrément d'un spectacle ou d'une caresse qui demeure le privilège d'un tout petit nombre seulement, à quoi sert alors d'être snob ? Et Dieu sait si nous le sommes, atteints de snobisme ! — Pour parler plus sérieusement, disons que le goût de la poterie est encore assez peu répandu chez nous. Il y a trente ans ce goût n'existait pour ainsi dire pas.

Envoûtés, emmurés dans notre art ancestral, dans nos styles qui ne visent en somme qu'à travestir la matière initiale, nous ignorions tout de cet Art de Terre. Qu'allait-il se produire une fois mis en présence des chefs-d'œuvre de cette poterie naïve que nous envoyait le Japon ? Bien heureusement l'état avancé des connaissances et leur dispersion, et aussi chez d'aucuns la lassitude des vieilleries, du trop vu, étaient une préparation suffisante. Et puis « *nous sommes très intelligents* ». On comprit vite ; des coteries admiratives se formèrent ; des noms connus : Burty, Goncourt, Gillot s'inscrivirent en tête des collectionneurs.

Nous pensons bien que, en dehors de cette élite, d'autres amateurs se présentèrent, et les prix fort élevés atteints lors des grandes ventes paraissent l'indiquer. Mais cependant pour la moyenne des objets japonais les prix n'ont pas haussé depuis et sont plutôt en diminution. C'est qu'il faut, pour apprécier le moindre bibelot du Japon, une âme douée d'une orientation particulière et le sens de certaines choses : et cela ne se rencontre pas tous les jours.

Donc, une fois les premiers emballements

refroidis, les acheteurs — les gros sacs —
qu'aucune nouveauté ne troublait plus, purent s'en
retourner bien tranquillement à leurs styles et à
leurs enchères. — Pauvres gens !

Est-ce fini ainsi ? Nous ne le croyons pas.
Derrière cette avant-garde un peu bruyante, un peu
superficielle aussi, des convictions plus réfléchies,
plus profondes et plus sincères se sont formées.
Des chercheurs délicats, des artistes éminents (et
nous avons l'honneur d'en approcher plusieurs)
ont su réunir, dans des vitrines doucement rayon-
nantes où les vieux coréens, les Séto voisinent
avec les Shigaraki et les Rakou, la fleur de cet art
de terre si subtil, si délicieux. Régal des sens délicats, joie des yeux, du goût et du toucher, saluons
ces nobles ensembles, ces magnifiques enseignements, — qui ont coûté souvent à leurs posses-
seurs de lourds sacrifices. Voici que derrière ces
maîtres respectés se presse déjà une foule de disciples de plus en plus nombreux, qui peu à peu
comprennent, goûtent, discutent, admirent; jeunesse en marche, celle-là, dont l'enthousiasme
fondé ne peut tourner court et qui nous garantit
l'avenir : c'est pour ceux-ci, non pour les snobs,
que le Japon est venu jusqu'à nous.

À cette jeunesse, à ces artistes d'autres viendront se joindre et j'augure que quelque jour, pas si éloigné peut-être, l'Art de Poterie, quand même il ne réussirait pas à conquérir le grand public (il ne faut pas être trop ambitieux), la Poterie, dis-je, possédera *son* public bien à elle.

Mais comment cette poterie, que nous allons produire désormais dans l'esprit de ce qui nous a été révélé, va-t-elle s'accorder avec notre goût ? Sous quelle forme va-t-elle pénétrer dans nos mœurs, se plier à nos habitudes ?

Et d'abord nous n'allons pas nous mettre à copier servilement. Nous allons interpréter, adapter, ressusciter dans les destinations et dans les formes le trésor de nos données occidentales, nous inspirer d'un art pour créer dans un autre, traduire en terre ou en grès des ouvrages de pierre, de bois, de métal, jusqu'à des figures de cathédrale, toutes idées qui constituent chez nous le fonds atavique à peu près inépuisable. Il y aura là plus d'un filon à exploiter et l'on conçoit que dans cette voie on puisse innover à l'infini.

Les recherches, cela n'est pas douteux, vont porter tout particulièrement sur la *matière*, car

c'est bien cela, c'est cette chair vivante de la
poterie qui nous a été dévoilée, et c'est là ce qui
nous hante, ce qui nous travaille. Et, mon Dieu !
si l'on considère ce qu'ont réalisé en peu de
temps les Chaplet, les Carriès, les Delaherche
et d'autres, il faut bien convenir qu'ils ont appro-
chéassez vite des modèles.

Mais pour qu'un art soit viable, il devra nous
apporter autre chose que des objets destinés
à peupler des vitrines, ces cimetières du passé. Il
faut qu'il soit actuel, mêlé à notre vie, se renou-
velant d'après la demande journalière ainsi qu'il
en fut au Japon.

Examinons donc la poterie dans ce rôle.

S'il est vrai que nous possédions une classe
nombreuse d'amateurs d'art, lesquels, ouverts
assurément à toute formule nouvelle pourvu
qu'elle soit valable, seraient susceptibles de
l'encourager et pourraient fort bien à cet égard
jouer le rôle rempli ailleurs par une aristocratie
japonaise, — nous n'avons pas, hélas ! de sociétés
de thé.

Chez nous, quand des artistes, quand des écrivains se réunissent autour d'une table pour causer

métier, c'est le plus souvent à l'heure de l'apéritif
et vous n'ignorez pas que ce n'est pas du tout
pour déguster la bienheureuse infusion.

On boit du thé, il est vrai, ailleurs, dans les
« tea-rooms », et cette mode est devenue de nos
jours une distraction très aristocratique et très
suivie. Mais personne assurément, là encore, ne
songerait à prendre sa tasse en main et à
l'examiner longuement. Cet examen, d'ailleurs, ne
procurerait aucune jouissance d'art. Ces réunions
sont bien des sortes d'exhibitions, mais on y
présente surtout des robes et des chapeaux, et
les autres créations de l'industrie et du génie
humain, je crois, ne sont pas admises.

Mais chez soi — *at home* — il en va autrement
et il y a ici, nous semble-t-il, plus à faire.

Nous pourrions citer tel intérieur distingué où
l'on apporte, à l'heure du thé, des théières, des
bols dépourvus d'anses, bien d'autres accessoires confortables signés de nos potiers modernes,
et qui font là fort bonne figure. Le parfum sans
violence de belles fleurs disposées dans des vases
se mêle à l'arome du breuvage, et dans ce salon
élégant plus d'un objet familier ou utile est de
poterie. Si l'on jette les yeux autour de soi, dans

de belles vitrines, spacieuses et sobres, on verra
rangés des bols et des tasses vénérables :
coréens, chinois, japonais, œuvres aussi de nos
céramistes contemporains rayonnent là côte à
côte doués de cette espèce de vie, animés de
cette sorte de petite flamme que la poterie est
seule à posséder.

Honneur à l'argent quand il sert à offrir à ses
invités la jouissance délicate d'un pareil décor !
Ici rien qui soit exhibé pour la montre; dans ce
luxe rien qui vous éclabousse. Ces bols discrets
nous présentent bien plutôt un enseignement. S'il
est vrai qu'ils attestent chez leurs auteurs une
éducation raffinée des sens et une haute civilisation, — par leur rudesse, par je ne sais quel air de
candeur, ils nous parlent des mœurs demeurées
longtemps simples et frugales chez ces petits
hommes jaunes qui les ont longuement tenus dans
leurs mains.

Mais le thé ne représente qu'un moment de
la journée, qu'une toute petite phase de la
vie. Nombre d'autres applications quotidiennes,
d'autres utilisations se présentent.

A table, au fumoir, à l'office, dans le voisinage

de la cheminée et jusque dans la matière même
de cette cheminée ; pour des carrelages, des
revêtements, des dallages ; autour des fontaines,
dans leur ornementation et leurs encadrements ;
— ou encore pour des cintres, des arceaux, des
colonnes, des façades d'édifices même ; ailleurs,
en plein air, dans la cour, dans le jardin : la
poterie s'offre et se prête à tout cela avec ses
multiples adaptations [1].

Est-il rien de plus gai, rien de plus souriant
qu'une réunion de poteries comme nous les entendons ? Pénétrons ensemble, si vous le voulez bien,
au Musée d'Ennery, dans une de ces salles bien
éclairées où se déploie à l'aise l'armée des Kogos.

Comme tout ce petit monde est pimpant,
aimable, accueillant ! Qu'un rayon de soleil se

---

1. Nous donnons, entre mille objets, quelques appropria-
tions pas trop banales, et qui trouveront dans la poterie
ou le grès leur raison d'être : Vases muraux (wall-vase en
anglais), service à fumeur ; pour la table : écuelles, gobelets, jattes, bassins, raviers pour les hors-d'œuvre, saucières,
flacons de toute sorte, brocs et même tonnelet pour le sherry
ou le porto. Citons encore : la cassolette à olives, avec
son couvercle, la potiche pour conserver bien au frais figues
et raisins secs, le porte-cure-dents et le porte-couteau, le
pose-plats, etc., ou encore : une fontaine, pour l'office, avec
sa monture d'étain, chaufferette, veilleuse, lanterne, etc., etc.

mette de la fête et vienne courir sur toutes ces matières variées : ces fruits, ces poissons, ces coquillages, ces tortues, ces canards, ces petits magots à crâne allongé ou pansus, ces dames jouant de l'éventail, ces dieux et ces gueux, cet univers enfin, voyez comme tout cela s'anime, rutile, bouge : par instants c'est la vie même.

Nous demandons quelle autre collection offrirait le charme insinuant, familier, la gaité de celle-ci et nous nous étonnons, — nous parlons ici très sérieusement, — que dans un siècle comme le nôtre, aussi travaillé par la neurasthénie, on n'en ait pas cherché le soulagement en s'entourant de gentilles poteries.

Un point nous reste encore à toucher. Nous voulons, avant de conclure, dire un mot des prix en céramique de nos jours.

Nous n'apprendrons rien à personne en imprimant qu'un Carriès d'importance moyenne vaut actuellement un millier de francs. Une belle pièce vaudrait facilement le double ou le triple.

Pour les modernes, nous croyons savoir que les prix demandés, dans les Salons et Expositions, se tiennent entre 100 et 500 francs suivant l'œuvre.

Quelques mots suffiront pour justifier ces prix.

Qu'on sache d'abord qu'ils ont déjà été payés par des amateurs et même par des Administrations publiques. A ce propos relevons en passant que Carriès reçut en 1892 de l'État 6.000 francs pour deux masques, deux bustes, une grenouille et sept vases, le tout en grès.

Pour nous, nous ne trouvons pas, tant s'en faut, ces demandes exagérées. D'ordinaire l'artiste ne présente, aux Expositions, que des pièces significatives, démonstratives de sa manière. Quand l'une de ces œuvres, au milieu d'autres qui sont déjà une sélection, brille d'un éclat, d'une harmonie particulière, qu'elle a de « l'ambiance », comme on dit, en un mot qu'elle arrache le cri, elle possède une valeur marchande incontestable : c'est une denrée rare.

Qu'on n'oublie pas que ces céramiques tout à fait heureuses et bien venues, sans une tare, — fruits du feu parfaitement mûris — s'obtiennent parcimonieusement. Elles demandent une combinaison d'effets et de matières, un dessein médité et voulu, un bonheur d'exécution et de cuisson, c'est-à-dire une réussite à plusieurs degrés qui ne saurait être fréquente. De pareilles pièces (peu importe leur dimension) constituent une *œuvre,* un effort d'artiste véritable. Elles équivalent à un travail analogue dans toute autre branche d'art : elles justifient leur prix.

Ce sont des œuvres de ce genre, bien qu'encore insolites et d'apparition un peu nouvelle, que nous conseillons aux amateurs, aux Musées d'acquérir. Et ce sont aussi celles-là que, affranchis de tout esprit de basse rivalité, nous nous plaisons à souhaiter quelquefois à nos concurrents lors de leurs défournements, — et un peu aussi à nous-même.

.

Ce que nous nous étions proposé d'accomplir au début de ce travail, à savoir : présenter un tableau clair, méthodique, mais vivant aussi et intéressant de l'Art de Terre au Japon d'abord, dans son histoire et dans sa technique (tout au moins dans ce qu'il nous paraît nécessaire qu'un artiste en connaisse), — exalter cette noble industrie du génie humain qui, chez ce peuple privilégié, a produit des personnalités de la taille de Tôshiro, Rikyu, Ninséï, Kensan ; — et puis, passant à la France, décrire le petit coin de chez nous où les saines traditions

de la Poterie, relevées par notre immortel Carriès
ont commencé à revivre, à refleurir : voilà qui se
trouve réalisé aujourd'hui.

Nous croyons avoir lumineusement défini ce
que doit être la Poterie d'art et, nous appuyant
sur des modèles d'une beauté éternelle, nous lui
avons nettement tracé sa voie. Bien que admirateur enthousiaste du passé, surtout au Japon,
nous répétons que nous avons une foi profonde
dans le développement de cette noble industrie
dans l'avenir.

Certes il se pourra bien que notre petit volume,
venu peut-être un peu tôt, passe inaperçu
aujourd'hui. Mais nous pensons qu'il sera feuilleté
un jour, à son heure, pour la franchise et la saine
qualité de ses opinions et pour la justesse de son
point de vue.

Et quand même il ne servirait présentement
qu'à compléter l'initiation de quelques amis de
l'Art, notre ambition ne va pas au delà et se trouverait encore pleinement satisfaite.

W. L. Nice, janvier 1912.

TABLE DES MATIÈRES

DEUXIÈME PARTIE

L'Art de la Poterie en France.

Illustrations.

B — 8723. — Libr.-Impr. réunies, 7, rue Saint-Benoit, Paris.